"一带一路"背景下

内蒙古**文化对外传播**与**文化软实力**建设

Cultural external communication and
the construction of cultural soft power
Based on the "The Belt and Road"
in the Inner Mongolia Autonomous Region
under the background of the research

张莉 著

经济管理出版社
ECONOMY & MANAGEMENT PUBLISHING HOUSE

图书在版编目（CIP）数据

"一带一路"背景下内蒙古文化对外传播与文化软实力建设/张莉著．—北京：经济管理出版社，2016.6

ISBN 978 - 7 - 5096 - 4452 - 2

Ⅰ.①一…　Ⅱ.①张…　Ⅲ.①文化事业—建设—研究—内蒙古　Ⅳ.①G127.26

中国版本图书馆 CIP 数据核字（2016）第 136592 号

组稿编辑：王光艳
责任编辑：魏晨红　丁凤珠
责任印制：黄章平
责任校对：王纪慧

出版发行：经济管理出版社
　　　　　（北京市海淀区北蜂窝 8 号中雅大厦 A 座 11 层　100038）
网　　　址：www. E - mp. com. cn
电　　话：（010）51915602
印　　刷：唐山昊达印刷有限公司
经　　销：新华书店
开　　本：710mm × 1000mm/16
印　　张：10.75
字　　数：146 千字
版　　次：2020 年 8 月第 1 版　　2020 年 8 月第 1 次印刷
书　　号：ISBN 978 - 7 - 5096 - 4452 - 2
定　　价：68.00 元

前　言

"一带一路"倡议继承了古丝绸之路开放包容、兼收并蓄的精神，同时也被赋予了新的时代特质，其战略意义深远。在提出"一带一路"倡议的同时，加强文化交流也被提升到一个新的高度。早在2016年4月29日，习近平主持中共中央政治局第三十一次集体学习就强调：民心相通是"一带一路"建设的重要内容，也是"一带一路"建设的人文基础，要坚持经济合作和人文交流共同推进。2017年5月，在"一带一路"国际合作高峰论坛上，习近平主席再次指出"国之交在于民相亲，民相亲在于心相通"。文化的对外传播是增进各国人民之间相互了解与信任、提升我国文化软实力的重要途径。习近平总书记在2016年党的新闻舆论工作座谈会上指出：要加强国际传播能力建设，增强国际话语权，集中讲好中国故事，同时优化战略布局，着力打造具有较强国际影响的外宣旗舰媒体。

内蒙古自治区处在中蒙俄经济走廊的重要节点。近两年，内蒙古自治区在对外经贸合作方面取得了很大进展，同时，文化与教育对外交流也在逐步开展。本书通过对"一带一路"建设背景下内蒙古自治区文化传播状况的研究，对我国文化对外传播与软实力建设提出建议。

本书第一章就文化对外传播与文化软实力建设的相关概念、联系进行阐述；第二章对国内外相关研究进行了梳理；第三章对内蒙古文化对外传播的历史进程进行了考察；第四章通过对英、美、俄、蒙、日五国的国家语料库、主流媒体和网络搜索引擎进行调查分析，总结了内蒙古文化国际传播的现状和存在的问题；第五章对法国和美国以及我国其他省份文化对外传播策略进行了分析，以期借鉴其成功经验；第六章从国家宏观层面和内蒙古自治区地区层面对文化对外传播与文化软实力建设提出策略建议。

目　录

第一章

绪　论

当前的中国比历史上任何一个时期都更加重视文化对外传播与文化软实力建设。早在 2013 年 12 月 30 日的中共中央政治局第十二次集体学习中，习近平发表重要讲话，为我国新时期的文化建设指明了方向。习近平指出："提高国家文化软实力，关系'两个一百年'奋斗目标和中华民族伟大复兴中国梦的实现……中华优秀传统文化是我们最深厚的文化软实力，也是中国特色社会主义植根的文化沃土。"习近平还特别强调了文化对外传播的重要性："提高国家文化软实力，要努力提高国际话语权，加强国际传播能力建设，精心构建对外话语体系，发挥好新兴媒体作用，增强对外话语的创造力、感召力、公信力，讲好中国故事，传播好中国声音，阐释好中国特色……"① 之后的几年，习近平总书记多次在重要场合提到"文化软实力建设"，逐渐形成了被学界认可的"习近平文化软实力观"。习近平早期谈话内容被收录到《习近平谈治国理政》一书中，并被翻译成多国文字，由外文出版社于 2014 年 10 月出版。其中专门有一章阐述了习近平总书记"建设社会主义文化强国"的思想。

---

① 出自习近平在中共中央政治局第十二次集体学习中的重要讲话。

我国《国民经济和社会发展第十三个五年规划纲要》中也将文化建设与对外传播纳入发展重点："……加快文化改革发展，推动物质文明和精神文明协调发展，建设社会主义文化强国……要提高文化开放水平，加大中外人文交流力度，创新对外传播、文化交流、文化贸易方式，在交流互鉴中展示中华文化独特魅力，推动中华文化走向世界。拓展文化交流与合作空间，加强国际传播能力建设。"① 实现中华民族伟大复兴的中国梦、建设社会主义强国目标的实现都离不开文化软实力建设，而衡量国家文化软实力的一个重要指标就是文化传播能力。

第一节　中国文化对外传播的战略意义

保罗·肯尼迪在《大国的兴衰》中指出："在近代以前的所有文明中，没有一个国家的文明比中国文明更发达、更先进。"② 中国是一个历史悠久的文明古国，对亚洲周边国家的历史文化具有深远的影响。五千年的文明史使中国文化资源有着无与伦比的优势。习近平在纪念孔子诞辰 2565 周年国际学术研讨会暨国际儒学联合会第五届会员大会开幕式上指出，"中国人民的理想和奋斗，中国人民的价值观和精神世界，是始终深深植根于中国优秀传统文化沃土之中的"③。

中国拥有建设文化软实力得天独厚的优势，但是，中国在如何利用好自己

---

① 出自《国民经济和社会发展第十三个五年规划纲要》。
② ［美］保罗·肯尼迪．大国的兴衰［M］．梁于华等译．北京：世界知识出版社，1990．
③ 出自习近平在纪念孔子诞辰 2565 周年国际学术研讨会暨国际儒学联合会第五届会员大会开幕式的讲话。

文化资源的这个问题上还有很长一段路要走。究其原因，主要有以下几点：首先，中国的科技实力较西方发达国家来说还有一定的差距，尤其是科技创新能力较弱，多年来缺乏较为先进的传播工具和媒体技术；其次，中国对外开放历史相较欧美等西方国家较短，而且中国近代属于被殖民国家，与欧美国家的殖民历史相比，文化输出观念不强；最后，从传播的方式来看，中国目前仍然以政府主导的对外传播为主，基本上还是靠国家与政府推动中国文化软实力的发展，民间力量没有被充分调动起来。

目前，我国正处在历史发展的关键阶段，文化软实力的建设与经济发展等硬实力建设摆在同样重要的位置。党的十八大以来，以习近平同志为核心的党中央高度重视文化传播工作和国际话语能力建设，提出要"精心构建对外话语体系""增强对外话语的创造力、感召力、公信力"。积极加强中华文化的对外传播，是增强国家文化影响力和感召力的必然选择，这将极大地促进我国文化软实力的发展。中国加强对外文化传播具有以下几个重要的战略意义。

第一，加强文化对外传播有利于塑造良好的国家形象。习近平总书记在谈到着力提高国家文化软实力时强调，"要注重塑造我国的国家形象，重点展示中国历史底蕴深厚、各民族多元一体、文化多样和谐的文明大国形象，政治清明、经济发展、文化繁荣、社会稳定、人民团结、山河秀美的东方大国形象，坚持和平发展、促进共同发展、维护国际公平正义、为人类作出贡献的负责任大国形象，对外更加开放、更加具有亲和力、充满希望、充满活力的社会主义大国形象"。

在当代，国家间的联系越来越紧密，因此，国际环境对一个国家的发展有着越来越重要的影响作用。无论是政治、经济、军事等这样的硬环境，还是像国际舆论这样的软环境，对中国的发展都具有重要影响。改革开放以来，中国的综合国力稳步上升，国民经济总量居于世界前列，国际影响力也日益增强。尽管中国政府一直推崇和平发展道路，努力实现与周边国家及世界其他国家互利共赢，但是仍然有不少外国媒体无视中国对世界和平的渴望和所做出的积极努力，散布"中国威胁论"，对中国的报道时常夹杂着西方社会的固有偏见，发布歪曲甚至负面的报道，造成了外国民众对中国的误解。和平发展的中国在重视硬实力建设的同时，必然也要追求本国的文化价值观对他国的吸引力与感召力；加强与其他国家的沟通交流，减少歪曲偏激的报道。我们需要让世界知道我们传播的是和平发展的中华文化价值观，从而消除"中国威胁论"等反华宣传的影响，并且塑造中国在国际文化交往中的友好形象。

第二，加强文化对外传播，有利于扩大中华文化的国际影响，增强中华文化自信和中华民族凝聚力。"文化殖民政策"和"文化帝国主义"是西方国家历来奉行实践的文化输出理念。为了获得政治与经济利益，一些西方国家通过文化贸易、媒体宣传，甚至对外援助等手段输出自己的文化。他们利用自身强大的媒体优势、先进的科技力量、有力的文化工具，不断向外渗透灌输其价值观与生活方式，以期达到摧毁甚至取代其他民族、国家的本土文化，实现单一"西方中心主义"的目的。改革开放以来，我国在打开国门、融入世界政治经济格局的过程中，西方文化、日韩文化不断涌入国门，成为国人，尤其是青年一代追捧的对象。在此期间，不乏部分心怀叵测之人，利用新媒体宣扬西方文化的优越性，对我国传统文化进行抨击，在民众中造成极其恶劣的影响。在这样的背景下，习近平总书记提出"文化自信"的概念，鼓励青年学习了解中华传统文化，牢固社会主义核心价值观，增强文化自信。与此同时，习近平提出"讲好中国故事，传播好中国声音"，在这样的理念支持下，中国典籍外译、文化对外贸易、传统艺术走出国门，孔子学院、中国文化节等文化对外传播举措迅速得到落实，在世界各国引起重大反响，中华文化被更多外国人所熟悉，这增强了海外华人的凝聚力和自豪感。

第三，文化对外传播有利于推动中国文化参与国际竞争、改变中国文化贸易逆差的不利格局。当今时代，经济的发展越来越依仗文化的传播力和号召力，许多大国通过文化的传播获得了经济上极大的成功。如美国利用其传播优势，使得奥斯卡、NBA、迪士尼、麦当劳等为美国在世界范围内创造了极其可观的经济效益，它们所承载的美国文化价值对世界各国的消费者产生了巨大的影响，并且得到了大多消费者的认同。相比美国文化传播的成功，中国的文化产品不仅未能在国际市场上产生较大的经济影响和观念认同，而且在文化产品的进出口贸易上产生了巨大的贸易逆差，这样不争的事实是中国目前急需解决的一个重大问题。造成贸易逆差的一个最重要的原因是对外营销传播能力较弱。因此，中国的文化产品要真正走出国门，就必须基于现实，制定出一个长期的、符合中国国情的对外传播战略，真正做到通过文化传播带动经济增长，这也是扩大中国文化的国际影响、减少文化贸易逆差的必经之路。

第二节 "一带一路"建设中的文化交流

一、古"丝绸之路"中的贸易与文化交流

古代中国与欧亚大陆其他国家的贸易交流活动最早可以追溯到春秋战国时期，当时的秦国就与西域地区部落建立了民间贸易往来。自汉以来，这种贸易活动逐步变成由官方主导，汉朝政府在西域各国沿线建立了西域都护府，一方面是为了维护西域各国各族的安定有序，另一方面也为往来的商贾百姓提供官方服务。在这一和平安定的环境下，我国与中亚各国的贸易规模与范围不断扩大，鼎盛时期，我国出口的瓷器、丝绸与各类工艺品遍及欧亚大陆，甚至抵达了北非和东非。

历史上，那些穿梭于我国与中亚各国的商贾们并未为这条贸易之路取名字，直到 19 世纪，这条横跨欧亚大陆的贸易之路才有了自己的"名字"，李希霍芬将其命名为"丝绸之路"。此后，"丝绸之路"这一名词就被广为流传与应用，并成为了一段历史文化的代名词，是古代中国与外国交往的"见证者"。其涵盖的地理范围也不仅仅是李希霍芬定义的"自中原经河西走廊和塔里木盆地到中亚和地中海的贸易路线"了，还包括了自宋代开始的我国与东南亚国家交往的海上贸易路线、古时我国云南地区与连通缅甸、斯里兰卡的"南方茶路"以及我国蒙古草原贸易路线。当然，在丝绸之路上交易的产品也远非丝绸一种，我国产的瓷器、漆器、茶叶与书卷（主要是四书五经），西域各国产的香料、兽皮，东南亚国家的野兽、珍珠、珊瑚等都是在丝绸之路上交易的重要商品。贸易的广度与深度折射出了丝绸之路在文化上的包容性。

二、当代"一带一路"建设中文化交流的意义

随着空运、陆运与航运技术的快速发展，古丝绸之路对今日我国国际贸易的作用已经没有古时那么深刻，但其蕴含的丝路文化与丝路精神却历久弥新。这也是我国将今天这项国际区域合作战略命名为"丝绸之路经济带"和"21世纪海上丝绸之路"的重要原因。在"一带一路"建设中，文化交流的作用是不容忽视的。习近平总书记在 2016 年 4 月 29 日中共中央政治局第三十一次集体学习时强调："人文交流合作也是'一带一路'建设的重要内容。真正要建成'一带一路'，必须在沿线国家民众中形成一个相互欣赏、相互理解、相互尊重的人文格局。民心相通是'一带一路'建设的重要内容，也是'一带一路'建设的人文基础。要坚持经济合作和人文交流共同推进，注重在人文领域精耕细作，尊重各国人民的文化历史、风俗习惯，加强同沿线国家人民的友好往来，为'一带一路'建设打下广泛社会基础。""一带一路"建设中的

文化交流具有重要的意义，主要表现在以下两个方面。

（一）文化交流有利于促进政治互信

政治互信是国家间交往的基石，政治互信的定义又分为广义的和狭义的，广义的政治互信又称为国际关系中的政治互信关系，大致由四个基本关系组成，由浅入深分别是经贸关系、外交关系、安全观、文化认同。狭义的政治互信主要是指国家之间政治上的相互信任，主要体现在国家之间对彼此体制、法律、内政的相互认同以及共同处理好国际及地区事务的能力。无论从哪个角度来理解政治互信的内容，有一点是肯定的，那就是政治互信越深，国家之间的合作才能形成合力，而影响政治互信的因素也是多方面的，文化交流的效果则是其中非常重要的方面。

当前，我国已经成为全球第二大经济体，随着我国国家实力的不断增强，必然会导致其他国家的不安与猜忌，这种局面在历史上数次的大国崛起过程中都无法避免，在今天就表现为"中国威胁论""中国崩溃论"等，一些西方国家既担忧中国威胁，又盼望中国崩溃，在这种状态下，大国间激烈的博弈也就在所难免。"一带一路"沿线也是当今世界大国博弈最为激烈的地区，我国与南海诸国的领土争端、中东地区的战火纷飞、恐怖主义与极端主义的抬头都将深刻地影响"一带一路"倡议的推进，这些都给战略的实施造成了极大的负面效应。这些问题的存在告诉我们，必须加强对国家间价值观念的了解，增进国家间的相互信任，否则就会极大地影响双方各方面的合作。

（二）文化交流有利于促进经贸合作与发展

古丝绸之路最大的作用就是成为了中国与西亚乃至欧洲的贸易通道，通过陆上丝绸之路与海上丝绸之路，中国古代出口的三大主要商品茶叶、丝绸、瓷器才能源源不断地运往中亚与欧洲，与沿途各国进行贸易往来。今天中国提出的"一带一路"倡议，实际上也是站在经济全球化的角度，通过对沿线各国进行基础设施修建的方式，降低各国间贸易交易的成本，促进各国间贸易的大发展大繁荣。在我国与"一带一路"沿线国家进行贸易的过程中，出现了一个较为有趣的现象，按照出口对我国各省份 GDP 的贡献程度来算，与中亚五国贸易程度最高的是我国的新疆维吾尔自治区，而与东南亚各国，如越南、泰国、老挝、柬埔寨、新加坡、马来西亚、印度尼西亚、文莱、缅甸、菲律宾等贸易程度较高的则是我国两广、上海和福建地区。从我国各省份与"一带一路"各国贸易地理分布来看，与各国贸易程度较高的省份往往在地理位置上接近或接壤，文化习俗相近，甚至属于同一民族跨境而居。如新疆维吾尔自治区与中亚五国地理位置相近，当地人在生活习惯、传统文化上也与中亚、西亚乃至中东地区有相似之处，这也就成为了影响双方贸易的一个重要因素。

一直以来，技术、劳动生产率、要素禀赋和规模经济等都被经济学家认为是影响国际贸易的决定性因素。但是在贸易实践中，文化的因素也不容忽视。自古以来的经验表明，拥有相同或相近文化背景的地区之间，贸易往来更为顺畅。在国际贸易中，由于贸易双方往往处于不同的国家或地区，因此双方的经济社会文化背景、交易规则、法律制度都会有一定的差异性，这种差异性往往会导致贸易的风险与不确定性。如果贸易双方能够了解并接受彼此的宗教信仰、价值观念、传统风俗乃至语言，那么双方在贸易中的沟通效率就会显著提高，从而促进国际贸易的顺利进行。

随着经济全球化的日益发展，国家政府间相互合作的频率也日益提升，官方合作越密切，国家之间的政治互信也就越深入。文化交流作为联系两国关系的纽带之一，自然成为拓展国家间官方合作渠道的重要方式。

第三节 内蒙古文化对外传播与 "一带一路" 建设

内蒙古是中华民族文化的重要发祥地之一，美丽的自然生态和绚烂的少数民族文化生态是内蒙古得天独厚的文化资源。传承和建构是少数民族文化发展的基本运行方式，而少数民族形象的文化建构不仅仅是为历史纪念或文化景观所用，而且还具有凝聚民族集体记忆和增强中华民族认同感的重要作用：一是由文化传统延续下来的、体现少数民族精神的形象是中华民族精神形象的重要组成部分，如昭君出塞和维护中国领土完整的鄂温克人海兰察等；二是从重大历史事件中孕育出来的表达少数民族精神的形象体现了中国民族意识的历史脉络，如大型历史壁画《一代天骄——成吉思汗陵壁画》，通过《蒙古草原的希望》《蒙古民族的英雄》《华夏民族伟人》和《世界历史巨人》四个篇章，以高度概括的艺术构思描绘了成吉思汗一生创建元蒙帝国的伟大业绩。长达10万行的蒙古英雄史诗《江格尔》和卷帙浩繁的《蒙古秘史》，早已被世界众多国家翻译出版。正是通过这些民族形象的文化建构，中华民族意识与传统文化才能互相促进与更新，并通过集体记忆的不断丰富来增强中华民族的凝聚力和对中国历史的认同感。"一带一路"倡议为中国优秀传统文化走出国门、走向世界提供了一个重要契机，打造了一条全新途径。

首先，从国家提出的"一带一路"倡议来看，丝绸之路经济带国内段北、中、南三条大通道和海上丝绸之路沿线囊括了内蒙古自治区、新疆维吾尔自治区、宁夏回族自治区、广西壮族自治区等民族地区和青海、甘肃、云南等多民族省份。内蒙古自治区、新疆维吾尔自治区、宁夏回族自治区、广西壮族自治区等民族地区作为"一带一路"的重要战略支点，在规划中具有独特的地位和重要作用。"一带一路"规划的战略布局，使我国民族地区从边缘地带一跃成为面向中亚、西亚和东南亚地区对外对内开放的重要节点，成为基础设施互联互通、能源基地建设的重点地区，成为国家构建全方位开放格局的前沿地带。以该论述为要点则可看出，中央提出的"一带一路"经济发展新战略规划蓝图中，我国有数十个少数民族与境外同一民族毗邻而居，这些由于历史原因分居两国的同一民族被称为"跨境民族"。"边疆少数民族和'一带一路'沿线国家人民语言相通、文化相近，存在着天然的历史文化纽带，有着文化心理上的自然亲近，充分发挥好这些历史、语言、文化优势，采取多种方式争取沿线国家人民对'一带一路'倡议的理解、支持和参与，可以筑牢我们对外政治经济交往的民间基础、民心基础"。北方草原经济走廊各地区应当牢牢抓住这一难得的机遇，在加大经济发展步伐的同时，大力发展民族特色文化事业，积极传播民族特色文化，让文化传播在"一带一路"建设中起到强有力的助推作用。

其次，从历史上看，古丝绸之路在开辟对外贸易通道的同时，也由内地商人在与西域各国进行经贸往来的过程中把中原地区的礼仪文化、民俗文化、神话传说等华夏文化传送了出去，同时又把异域宗教文化、风俗文化等带了回来。在古代，中国和亚洲、欧洲以及非洲之间的文化传播多是通过商贸交流和宗教传播等形式进行的。正是通过这些方式，东西方思想得以交流，文化得到交融，人类文明向前走了一大步。但是，那时的文化传播要依靠商贸做载体来进行，囿于时空，传播效率受到很大影响。今天的情况则完全不同于古代社会，不但各传统媒体能够承担起文化传播的重任，而且随着新媒体的快速发展，新媒体与传统媒体互融结合，更是大大提高了文化传播的效率。2015年9月13日，"网上丝绸之路暨云计算技术和应用展"在宁夏回族自治区首府银川市开幕，会展中关于丝绸之路网络文化传播的主题宣传引起了参观者的很大兴趣。"一带一路"建设得益于新媒体时代的发展，必将改变"一带一路"沿线文化传播的模式，为新时期的文化交流做出新的更大的贡献。古丝绸之路的文化要靠张骞、玄奘以及物贸商人口口相传或书本传播，受时间和空间的限制，现代传播尤其是新媒体的发展使信息传播脱离了时空的限制，受众足不出户就可随时欣赏各种异域文化的精彩内容，这就需要文化工作者及媒体同仁认真思考、探索文化传播新模式与传播新环境。

第二章
文献综述

第一节　文化对外传播意义与作用的相关研究

国内外学者对文化对外传播的意义和作用进行了大量研究，同时对各国文化对外传播的经验也进行了细致的考察。

一、文化传播的概念界定

文化是一个社会群体共同拥有的特征。文化在社会交往的过程中，纵向代代相传，横向在社会个体之间或者社会群体之间进行传播。美国著名的传播学家威尔伯·施拉姆等对文化传播的过程进行了简单描述："文化传播主要是 A 通过 C 将 B 传递给 D，以达到效果 E。这里 A 是信息发出者，B 是信息，C 是通向信息接收者 D 的途径或媒介，E 是传播所引起的反应。"① 刘建明在其主编的《宣传舆论学大辞典》中对文化传播的定义是："在人们的社会交往过程中产生于社区、群体及所有人与人关系之间的一种文化互动现象。"② 吴瑛在对文化传播进行定义时，着重关注了文化传播对社会群体造成的影响，她认为："当一个社会、族群的共有文化开始通过各种载体传播到周边社会、族群，并且与周边文化相互交织、互动时就产生了文化的融合；而当自由文化所附着的社会、族群日益受到他者文化的传播，受其吸引，其思维和行动的模式渐向他者文化靠近时，则面临着自有文化的消蚀和被吸纳。"吴瑛将文化传播分为两类：第一，同质文化拥有者之间的文化互动，发生在具有相似文化基因的人群中，这类传播更易被受众所接受；第二，由于传播受众具有不同的价值观、思维方式，因此在传播的过程中更容易发生文化冲突，传播难度更大，此类传播称为文化的国际传播或对外文化传播③。庄晓东指出文化传播是人类发展的必要条件，与当代社会息息相关。他提到："文化传播产生于人类生存和发展的需要。文化传播深度地卷入我们的日常生活之中，成为当代人类的主要生存方式和生存空间。"④

马克思和恩格斯对文化传播也有过这样的论述："某一个地域创造出来的生产力，特别是发明，在往后的发展中是否会失传，完全取决于交往扩展的情况。当交往只限于毗邻地区的时候，每一种发明在每一个地域都必须单独进行。"文化具有传播的属性，文化的传播促使国民之间的交往日益紧密。"传播乃是文化的本质。没有传播，就没有文化，传播就是文化的实现。"⑤ 从 20

---

① 威尔伯·施拉姆，威廉·波特. 传播学概论（第 2 版）［M］. 何道宽译. 北京：中国人民大学出版社，2010：56.

② 刘建明. 宣传舆论学大辞典［M］. 北京：经济日报出版社，1992：86.

③ 吴瑛. 孔子学院与中国文化的国际传播［M］. 杭州：浙江大学出版社，2012：15－18.

④ 庄晓东. 文化传播论［J］. 云南艺术学院学报，2002（4）：34.

⑤ 胡海波. 马克思恩格斯文化观研究［D］. 东北师范大学博士学位论文，2010.

世纪70年代开始，科学技术的进步和大众媒介的普及使得人们之间的信息交流日新月异。近年来，中国的对外传播事业得到了长足的发展，中国在国际社会的声音不断增强。与此同时，国内有关国际传播的学术研究和理论探讨也日渐增多，个别有关对外传播的著作已经出版，大量的有关文章散见于各种报纸杂志。其中许多理论、观点、思想已经应用于实践。国内有关对外传播的研究最早应当是段连城1988年所著的《对外传播学初探：汉英合编本》①，随后他于1993年又出版增订本《怎样对外介绍中国》②。书中对我国国际形象的演变作了历史回顾与总结，并深入探讨了对外传播的技巧问题。20世纪90年代以来有关对外传播的主要研究和成果收录于2000年由北京广播学院出版社出版的3本传播学书籍，包括刘继南的《大众传播与国际关系》《国际传播：现代传播文集》与蔡帼芬的《国际传播与对外宣传》。2003年，我国对外传播的研究分别散见于刘继南的《国际传播与国家形象》与蔡帼芬的《国际新闻与跨文化新闻》《国际传播与媒体研究》等，此外还有上海外国语大学郭可与其学生们的实证研究。这些研究从宏观和微观、横向和纵向的角度较为全面地总结了我国对外传播的历史以及经验教训，论述了我国对外传播的现状以及不足，提出了相应的策略。

随着近几年国际传播研究的兴起，中国的对外传播事业逐渐被纳入国际传播的研究视野。有关对国际传播的研究成果也日渐为我国对外传播所借鉴，其中包括世界传播体系的框架及运行机制、国外重要媒体介绍、媒休信息的分类及量化、舆情分析模式、媒介事件与报道技巧、传播者形象与传播效果、国际文化交流等方面的内容。

---

① 段连城.对外传播学初探：汉英合编本［M］.北京：中国建设出版社，1988.

② 段连城.怎样对外介绍中国［M］.北京：中国对外翻译出版社，1993.

二、文化对外传播与国家利益关系的研究

（一）国内学者从国家利益层面对对外文化传播的研究状况

国内学者从国家利益层面对对外文化传播进行的研究主要从以下三个方面开展：

其一，语言作为文化传承的载体及文化传播的媒介，在维护国家利益方面有着重要作用，受到了国内学者的重视。从研究的视角看，国内学者能够兼顾宏观及微观，对该领域进行全面的探讨。李琳、沈骑、夏天、李宇波以宏观的视野，较全面地分析了语言的国际推广与国家利益的互动关系。李琳在《语言的国际推广与国家的文化安全研究》一文中，系统阐述了语言国际推广的机制对维护国家安全利益的作用，并提出对语言文化霸权主义的反对、对母语地位的维护及融通发展等策略①。沈骑、夏天的《论语言战略与国家利益的维护与拓展》一文，提出了语言战略的价值取向、语言规划观及语言生态战略等重要概念，并深入分析了语言教育、关键语言战略、语言多元战略及语言传播战略分别对国家的经济利益、安全利益、政治利益及文化利益的维护作用②。李宇波的《关于国家利益的文化思考》③一文，较全面地探讨了文化传播与发展经济、社会文化价值观及国际影响力的互动关系，并提出"对于文化的国际传播对社会主流价值观的影响非其价值观内容，而在其实现观念的方式、能力和水平"等观点。此外，部分学者以国家为单位，从微观出发，对

---

①　李琳．语言的国际推广与国家的文化安全研究［J］．湖南科技大学学报（社会科学版），2013（3）：173－176.

②　沈骑，夏天．论语言战略与国家利益的维护与拓展［J］．新疆师范大学学报（哲学社会科学版），2014（4）：112－118.

③　李宇波．关于国家利益的文化思考［J］．通化师范学院学报，2011（9）：14－16，33.

具体国家的语言传播对国家利益的实现策略进行分析。研究的重心涉及该国语言战略与其政治、经济及文化利益的关系，以及国家利益对语言政策制定的反作用。曹迪聚焦中国，在其博士学位论文《国家文化利益视角下的中国语言教育政策研究》中，重点研究语言推广与文化利益的互动关系，并为在中国发展语言教育、实现文化利益提出建议①。徐波的博士学位论文《当代英国海外英语推广的政策研究——以英国文化委员会为中心》，则从历史、主体、法律、途径及战略层面，分析英国的英语推广策略对国家利益的维护作用②。

其二，国内学者注重系统和全面分析国家形象战略对国家的政治利益、经济利益、文化利益及安全利益的维护作用。例如张骥、刘艳房的《论全球化时代国家形象战略与国家利益的实现》一文，就细化到从八个方面对上述问题进行阐述：维护政治合法性、赢得国际威望、树立国家品牌、改善投资环境、提升文化的吸引力、增强国家文化的"免疫力"、构筑安全互信机制及对非传统安全的维护③。同时，也有学者从国家形象的不同侧面切入，研究其对国家利益的维护作用，分析的侧面涉及军队形象和海外媒介形象等，如孙晓萌的《挑战与策略：非洲本土报刊视阈下的中国国家形象传播》，从海外媒体视角，分析中国在非洲文化形象建构的现状及挑战，并为维护中国在非洲的利益、增强在该地区的传播力提出针对性策略④。

其三，不少学者从国家外交的角度分析文化交流对国家利益的作用。对外文化传播属于外交行为，与一国的对外文化、政治及经济利益有着紧密联系。

---

① 曹迪. 国家文化利益视角下的中国语言教育政策研究［D］. 首都师范大学博士学位论文，2011.

② 徐波. 当代英国海外英语推广的政策研究——以英国文化委员会为中心［D］. 西南大学博士学位论文，2009.

③ 张骥，刘艳房. 论全球化时代国家形象战略与国家利益的实现［J］. 国际观察，2009（1）：16 - 23.

④ 孙晓萌. 挑战与策略：非洲本土报刊视阈下的中国国家形象传播［J］. 现代传播，2014（2）：53 - 56.

许多学者注重国际文化传播对政治利益的维护研究。王欢在《浅析冷战后美国对华文化渗透行为》一文中，指出了当代美国对中国的文化传播策略实质："利用大众文化传播、学术交流活动、经贸往来等手段对华进行文化渗透和施加文化影响。"① 王涛、王海林的《国际文化传播与"和谐"外交》一文较深入地分析了对外文化传播对外交利益的维护功能，并着重从七个方面进行分析：外交政策的重要手段、扩大文化的共性、提高综合国力、塑造国家形象、提高外交影响力、营造良好国际环境、提升国家软实力。此外，该文还从和谐外交实践的角度考察中国的国际文化传播②。胡伟在《论冷战后国际冲突：对"文明范式"的批评》一文中，指出了经济利益对当今世界格局的多层次影响：文明冲突不再是世界冲突的普遍范式，其实质是国家经济利益的冲突③。"传播与外交"及"媒介与外交"的互动研究是该类文献的两个主要解析维度。许多学者运用外交学理论，对文化的国际传播进行了解读。王涛和王海林从外交学的视角，概括并分析了国际文化传播在外交领域的功能，并认为"国际文化传播有利于扩大文化的共性，减少国家之间的摩擦，集体应对全球性问题"④。此外，孙建平、谢奇锋的《"传媒外交"初探》一文也详细剖析了传媒对外交的影响⑤。从内容看，该类文献侧重从和谐外交实践的角度考察国际文化传播的效用。

（二）国外学者从国家利益层面对对外文化传播的研究状况

以美国学者为代表的国外学界注重从以下三个方面分析文化与国家利益各

① 王欢. 浅析冷战后美国对华文化渗透行为［J］. 湘潭师范学院学报（社会科学版），2008（5）：46 - 48.

②④ 王涛，王海林. 国际文化传播与"和谐"外交［J］. 中北大学学报（社会科学版），2006，22（6）：49 - 53.

③ 胡伟. 论冷战后国际冲突：对"文明范式"的批评［J］. 复旦学报（社会科学版），1995（3）：254 - 262.

⑤ 孙建平，谢奇锋. "传媒外交"初探［J］. 现代传播，2002（3）：70 - 72.

个层面的互动关系。

其一,关注文化"软实力"对国家利益的整体维护问题。"软实力"理论是由美国学者约瑟夫·奈在20世纪末提出的。他出版的多本相关专著成为了该领域的奠基之作。他在《软实力:世界政坛成功之道》一书中,将"软实力"定义为:通过自身的吸引力而非强制力,在国际事务中实现预想目标的能力。此外,他还特别指出:"软实力"是"影响他国的精神力量"。这种力量包括"政治制度的吸引力、价值观的感召力及文化的感染力"。为了阐明文化对国家利益的维护作用,他在书中指出:文化是"软实力"的重要资源之一。与以军事和武力为代表的"硬力量"相比,文化软实力在影响外交策略的实施方面,发挥着越来越大的促进作用。此外,他还表示出对美国当代外交策略的忧虑①。在他所著的《美国霸权的困惑》一书中,分析了美国文化霸权主义与国家利益间的互动关系,强调美国的价值观对别国的感召力正在下降,必须采取有效的文化策略,以维护美国在世界的声望及地位②。此外,多位学者也就文化与国家利益的互动问题展开论述。威廉·奥尔森等分析了文化价值观对国家利益的维护作用,在《国际关系的理论与实践》一书中指出:"当我们谈论国家利益时,我们是在谈论价值观念,即特定社会中的一部分、许多,甚至也许是所有成员的价值观念。"③ 萨缪尔·亨廷顿从文化身份理论出发,分析了其与国家利益的内在联系。他在《美国国家利益的消蚀》一文中认为:国家利益来源于国家身份认同。我们必须先知道我们是谁,然后才能知道我们的利益是什么④。

其二,关注政治利益,特别是外交利益与文化传播间的互动关系,成为

① 约瑟夫·奈. 软实力:世界政坛成功之道 [M]. 吴晓辉,钱程译. 北京:东方出版社,2005.
② 约瑟夫·奈. 美国霸权的困惑 [M]. 郑志国译. 北京:世界知识出版社,2002.
③ 威廉·奥尔森等. 国际关系的理论与实践 [M]. 王岩译. 北京:中国社会科学出版社,1987.
④ 王曦影,萨缪尔·亨廷顿. 美国国家利益的消蚀 [J]. 战略与管理,1998 (6):91-99.

许多外国学者聚焦的研究方向。John Lovell 在《美国在东亚的盟友和对手：文化与外交政策的思考》一文中，强调了文化对外交行动的决定性作用。他认为："每个民族国家，统治本身和外交政策的制定都是在一种文化背景中发生的。"此外，多位学者注重研究文化价值观对政治活动的影响。Strobe Talbott 在《全球化与外交：实践的视角》一文中指出：要使外交政策得到民众的充分支持，就要借助文化的力量使这些政策的价值内容与大众的价值标准一致。他特别谈道：政治领袖必须在符合国家价值观的前提下才能形成政策，国家价值观只是个人价值观的集合①。莫里斯·迪韦尔热在《政治社会学：政治学要素》一书中，强调文化价值观对政治权力的主导作用。他认为，权力合法性的唯一基础和来源是它符合本集团的价值和标准体系所规定的合法性设想②。

其三，研究国家文化形象建构对国家利益的影响。近二十年来，越来越多外国学者开始关注国家文化形象对国家利益的维护作用。汉斯·摩根索在《国家间政治：寻求权力与和平的斗争》一书中，探讨了形象对权力的四个效用：维系权力、展示权力、提升权力、增加权力。这里的权力指国家权力，其实质就是国家的政治利益③。亚历山大·温特在《国际政治的社会理论》一书中提出了"身份决定利益，利益决定行为"的观点。这里的"身份"指文化身份的认同，该观点反映了文化传播对文化身份形象的塑造功能，并构成了国家利益的内涵及外交行动方略的基础④。

① Strobe Talbott. Globalization and Diplomacy：A Practitioner's Perspective ［J］. Foreign Policy, 1997（108）.

② 莫里斯·迪韦尔热. 政治社会学：政治学要素 ［M］. 杨祖功等译. 北京：华夏出版社，1987.

③ 汉斯·摩根索. 国家间政治：寻求权力与和平的斗争 ［M］. 徐昕等译. 北京：中国人民公安大学出版社，1990.

④ 亚历山大·温特. 国际政治的社会理论 ［M］. 秦亚青译. 上海：上海人民出版社，2000.

三、文化对外传播现状与策略的研究

关于文化对外传播的研究还着眼于个别国家文化传播的现状以及策略方面。

（一）介绍他国的对外文化传播经验

传媒业起步较早和较发达的美国和韩国等国家成为了国内学者的主要研究对象。研究的角度主要有两个：一是从经济及媒介发展速度方面进行分析评论，二是结合中国的对外文化传播的现状进行借鉴。如张斌的《美国文化传播的优势及其影响》，总结了美国在互联网、卫星传播、国际广告业务和视听传播上的优势，并对目的地国家的影响进行阐述①。但该文没有对其文化传播内容和方式进行深入剖析。王梓伊的《我国对外国际文化传播如何借鉴韩国经验——从韩剧的跨文化传播现象说起》、肖文娟的《我国国际文化传播如何借鉴韩国经验》、杨蕾的《试论网络媒介环境下的中韩文化交流》均从中韩互动的视角，介绍了韩国进行对外跨文化传播的经验，并提出借鉴建议。

（二）考察分析中国的国际文化传播现状

近年来，许多国内学者注重引入外国的先进理论，对中国的国际文化传播现状进行更客观和有效的分析。蒋晓丽和张放在《新闻与传播研究》上发表的《中国文化国际传播影响力提升的 AMO 分析——以大众传播渠道为例》一文，借用了黛博拉·麦克英尼斯和伯纳德·贾沃斯基的 AMO 理论，从受传者的信息加工能力（A）、受传者的信息加工动机（M）和受传者的信息加工化

---

① 张斌. 美国文化传播的优势及其影响 [J]. 创新，2011（4）：117－121.

（O）三方面对国际文化传播进行分析，并为推动中国文化的对外传播提出了本土化、娱乐化和日常化的建设性策略。①

（三）中国国际文化传播策略研究

此外，许多学者也纷纷从实践出发，为中国的对外文化推广献言献策。如刘少华和高祖吉在《基于文化传播视角的中国国际形象析论》一文中，分析了中国文化产品的出口状况，指出了中国文化对外传播的不足，并提出了对策。② 乔西的论文《中国在墨西哥〈劳动报〉上的形象呈现》，分析了中国在国外的媒介形象。③

第二节　文化软实力相关研究

（一）文化软实力的概念界定

1989 年，美国学者、哈佛大学肯尼迪政府学院院长约瑟夫·奈第一个提出软实力的概念。他在《对外政策》上发表的一篇题为《软实力》④ 的文章中，最早明确地提出了"软实力"的定义和概念。之后，他在 2002 年出版的

① 蒋晓丽，张放. 中国文化国际传播影响力提升的 AMO 分析——以大众传播渠道为例［J］. 新闻与传播研究，2009（5）：1-6.
② 刘少华，高祖吉. 基于文化传播视角的中国国际形象析论［J］. 中国出版，2011（10）：16-19.
③ 乔西. 中国在墨西哥《劳动报》上的形象呈现［J］. 新闻传播，2011（4）：201-203.
④ Joseph S. Nye. Soft Power［J］. Foreign Affairs，1990（3）.

《美国霸权的困惑——为什么美国不能独断专行》① 一书中对"软实力"的内涵进行了完善。2006 年 8 月他在接受中国《参考消息》采访时强调，"软实力"就是国家、团体或个人通过自身的影响力和吸引力来达到自己的目的的能力。

在文化软实力的定义上，中国学者也集思广益，给它下了不少的定义。在《国际关系基本理论》一书中，楚树龙指出文化软实力是"在国际事务中通过吸引力而不是通过强制力来实现所期望的目标和结果的能力"②；而李希光则认为文化软实力就是"说服力"③，张小明认为文化软实力不是"说服力"而是"吸引力"④；阎学通等指出："文化软实力是国家政治动员力，即对国内和国际市场硬实力的调动能力和使用的能力。任何国家的综合实力都是由硬实力和软实力构成，两种实力的关系不是和而是积。因而，一国软实力全部丧失时，无论一国的硬实力有多大，其综合实力都等于零。"⑤ 孟亮通过总结国内外学者的观点，在 2008 年出版的《大国策：通向大国之路的软实力》一书中指出，国家软实力应是指一个国家以非强制方式运用全部资源争取他国自愿理解、认同或合作的能力。这种能力通常表现为这个国家对其他国家的吸引力、感召力、同化力和动员力⑥。从软实力的构成要素上看，赵磊认为中国的软实力需要在以下三个方面得以加强：文化的外交、文化的多边外交、文化的国际传播政策制定。其中，核心是加强文化的外交，文化的多边外交给中国义化软实力提供更好的舞台，而国际传播政策的制定是文化软实力发展的基础。他指

① Joseph S. Nye. The Paradox of American Power ［M］. New York：Oxford University Press, Inc., 2002.

② 楚树龙. 国际关系基本理论 ［M］. 北京：清华大学出版社，2006：46.

③ 李希光. 全球传播时代的议程设置与文化软实力 ［J］. 中国社会科学报，2009 (1).

④ 张小明. 约瑟夫·奈的"软实力"思想分析 ［J］. 美国研究，2005 (1)：20－36.

⑤ 阎学通，徐进. 中美软实力比较 ［J］. 现代国际关系，2008 (1)：24－29.

⑥ 孟亮. 大国策：通向大国之路的软实力 ［M］. 北京：人民日报出版社，2008：55.

出软实力来自国家拥有的所有资源及对资源的柔性运用。国家软实力主要来源于政治、文化、军事、外交、经济、科技六个方面①。

（二）文化软实力的特征

从软实力的特征上看，朱峰认为软实力主要具有通过吸引起作用、对国家有深刻的无形影响、不同国家软实力的某些方面可以重合以及非垄断和扩散性四个特征②。肖欢把当今信息全球化时代下的文化软实力的特征总结为：抽象的、多元化的、影响深远的、传播便捷快速的③。李晓明和谢灵比较关注软实力的时代特征，他们指出在现代社会，软实力可借助各种文化媒体、信息资源、学术著作等表现出来，且具有迅速扩充、无限挖掘和超越时空的特征，这些特征使其具有巨大的潜力④。章一平认为相对于硬实力，软实力有其自身的特点：就作用方式来说，软实力排斥强制性发号施令和暴力，因为软实力的必备条件之一就是被作用行为体需主动接受和认可；就作用过程来说，软实力具有不统一和不规范性。它不会平均分配，而会呈现不对称性；就作用结果来说，软实力的变通性和自主性非常突出，因为它主要还是种道义力量⑤。王英杰认为，要寻找软实力的特征，需要与硬实力对比才能得到。除了非强制性这个根本特征外，来源广泛性、开放性和影响持久、见效慢也是软实力的特征，当然还有作用方式隐蔽、成本较低等特点⑥。贺颖认为软实力的作用需要硬实力的支撑，软实力还具有非垄断性和扩散性的特点⑦。孟亮则认为软实力具有

① 赵磊．理解中国软实力的三个维度：文化外交、多边外交、对外援助政策［J］．社会科学论坛，2007（5）：150 – 157.
② 朱峰．浅议国际关系理论中的"软实力"［J］．国际论坛，2004（4）：56 – 62.
③ 肖欢．冷战后美国软实力的下降及其启示［J］．国际政治研究，2006（3）：148 – 156.
④ 李晓明，谢灵．浅论提高国家文化软实力的对策［J］．经济研究导刊，2013（19）：54 – 55.
⑤ 章一平．软实力的内涵与外延［J］．现代国际关系，2006（11）：54 – 59.
⑥ 王英杰．论软实力的价值及中国软力量的构建［D］．东北师范大学硕士学位论文，2006.
⑦ 贺颖．浅析国家"软权力"理论［J］．国际关系学院学报，2005（2）：5 – 8.

内外互动性、非强制性、渗透性、内驱性、综合性、相对性等特征①。刘见林等认为，软实力作为一个涵盖全部非官方资源的概念有其自身的缺陷，比如其中的民族精神和理念等概念比较模糊，无法准确定义②。而刘德斌也认为，软实力在国际关系中的地位不容忽视，然而，要想像对硬实力一样对其进行量化分析是很难的，且不易于诠释、判断和分析③。中国社会科学院的金周英在2008 年发表的《从国家软实力到企业软实力》一文中认为，从软性资本、软环境、软技术的集成角度研究软实力的形成是比较合理的。即软技术创新能力，软性资本的潜力，软环境的应变、创造和创新能力形成软实力的三大核心，而这三者的集成和集成能力形成了一国或一个企业的软实力④。

（三）软实力的作用及中国文化软实力现状

在信息发达的时代，"软实力"的作用变得更加吸引人，引起了许多国家的关注。约瑟夫·奈在《美国霸权的困惑》一书中批评美国政府的独断专行和霸权主义，并认为其最终会严重损害美国在国际上的地位，期待美国政府在关注自身利益的同时也要关注他国利益和世界的利益，从而确保他国对美国文化的认同并且能够保持美国在国际上的领先地位⑤。外交网站也开放专门网页以问答的形式介绍中国的软实力，并在其中的三个问题中专门介绍了中国软实力在东南亚、拉丁美洲和非洲的"渗入"情况。美国学者汤普森表示，中国在拉丁美洲和非洲的能源领域大量投资，合作项目在增加，这足以表明中国文化软实力在国际上的传播公信力不断加强。乔舒亚·科兰齐克在《中国魅力：中国外交软实力的实施》以及《中国软实力的成功》等文章中直接肯定了中

① 孟亮. 大国策：通向大国之路的软实力［M］. 北京：人民日报出版社，2008：55.
② 刘见林，金龙鱼. 约瑟夫·奈与《软实力》［J］. 信息空间，2004（8）：32 – 35.
③ 刘德斌. "软实力"说的由来与发展［J］. 吉林大学学报（社会科学版），2004（4）.
④ 金周英. 从国家软实力到企业软实力［J］. 中国软科学，2008（8）：19 – 23.
⑤ Joseph S. Nye. The Paradox of American Power［M］. New York：Oxford University Press，2002.

国软实力的发展成就。从中国近些年来的外交政策分析中国近年来的文化软实力建设的成就，并给予了较高的评价。马修·弗雷泽的《软实力：美国电影、流行乐、电视和快餐的全球统治》是一本详尽论述美国的"软实力"及其在国际外交事务中的角色的论著。该书从历史和现实的角度，详尽地分析了软实力在美国崛起中所扮演的复杂角色，论述分电影、电视、快餐和流行音乐四大主要部分。在书中，追溯了美国文化的起源、历史沿革以及软实力资源在美国外交政策中的现实角色。特别在结尾部分展示了美国的软实力军火库中所拥有的令人生畏的魅惑大众的武器①。皮尤全球态度调查数据显示，拉丁美洲和非洲大部分国家的受访者认为，中国对他们国家的正面积极影响比美国大。据BBC在全球范围内新近的国家民意调查，超过一半的民众认为，北京带给世界的影响是和平发展的、共同友好进步的，是正面的影响。

（四）文化软实力的提升策略

邓显超在2009年发表的《发达国家文化软实力的提升及启示》一文中提出了中国提升文化软实力的几个措施：一是要贯穿科学发展观，走以人为本的可持续发展的新路；二是要克服市场经济所带来的困难，努力构建社会主义和谐社会；三是要加快政治体制改革，促进政府的职能转变，建立高效、廉洁的服务型政府；四是政府应为经济和文化发展提供有力的制度保障，营造稳定的政治环境；五是加强与国际社会的交流与合作，实现中国与国际社会的共同繁荣、共同发展②。张效民、罗建波认为提升中国软实力的路径主要体现在：①建立连贯、综合的外交哲学和大战略，高度重视软实力建设；②加快文化价值观建设，抢占国际舆论的道德高地；③加快文化产业化发展，推动中国文化

---

① 马修·弗雷泽. 软实力：美国电影、流行乐、电视和快餐的全球统治［M］. 刘满贵等译. 北京：新华出版社，2006.
② 邓显超. 发达国家文化软实力的提升及启示［J］. 理论探索，2009（2）：35 – 38.

的对外交流；④注重解决发展进程中出现的新问题，提高中国发展模式的吸引力；⑤加大对外传播力度，展示中国开放、发展和创新的新形象；⑥注重企业海外社会责任建设，充分展示负责任的大国形象①。

张敏则认为，提升软实力，实现中国的和平崛起，主要需要加强三个方面建设：完善制度建设、提升文化竞争力和树立中国外交新理念。② 孟亮认为，中国提升文化软实力的战略措施主要有以下四个方面：①大力提升资源的质量与数量；②坚持奉行开放、合作的负责任政策；③切实增强运用资源的能力和水平；④积极塑造长期有利的战略环境③。

（五）区域文化软实力

区域软实力是与国家软实力相对的概念。国内学者对这一概念也有不同的提法。马庆国等在《区域软实力的理论与实施》一书中对区域软实力进行了界定④。张敏在此基础上，对区域软实力这一概念进行了进一步的完善，即区域软实力是指建立在区域文化、政府公共服务（服务制度和服务行为）、人才科技（居民素质和科技水平）和宜居环境（人居环境和生态环境）等非物质要素之上的区域政府公信力、区域社会凝聚力、区域文化感召力、区域科技创造力及对区域外影响力和吸引力等的总和。张敏将区域软实力进行了分层：第一层为基本要素层，基本要素层包括区域文化、公共服务、人才科技和宜居环境。第二层为指数层，指数层是对基本要素的拓展，是区域软实力评价指标体系的基础和核心，是对区域文化、公共服务、人才科技和宜居环境四要素的进一步分析和解释。第三层为表现层，区域软实力本身就是区域政府公信力、区

① 张效民，罗建波. 中国软实力的评估与发展路径［J］. 国际论坛，2008（5）：24－29.
② 张敏. 文化自觉与国家软实力提升［J］. 中外企业家，2012（4）：126－127.
③ 孟亮. 大国策——通向大国之路的软实力［M］. 北京：人民日报出版社，2008.
④ 马庆国，楼阳生. 区域软实力的理论与实施［M］. 北京：中国社会科学出版社，2007.

域社会凝聚力、区域文化感召力、区域科技创造力以及对区域外影响力和吸引力等的总和。在此基础上，张敏构建了区域软实力评价指标体系，并且以内蒙古自治区为例，运用这一指标体系对内蒙古自治区与其他省份进行了比较分析①。

---

　　①　张敏. 区域软实力评价指标体系研究与实证分析——以内蒙古自治区为例 ［J］. 内蒙古社会科学（汉文版），2012（2）：107－112.

第三章
内蒙古文化对外传播的历史考察

　　约在两千四百年前，我国北方茫茫草原上就曾开辟出一条丝绸之路。内蒙古文物考古研究所副所长陆思贤和他的同行经过实地调查，反复考证，确认了开辟于战国时期的草原丝绸之路分为南北两个通道。南道起于辽东，横越内蒙古草原，经新疆天山北麓通往中亚、西亚。前些年考古工作在阴山东段大青山古道附近发现东罗马金币，证明秦汉时期在这里开发的中亚文化交流已相当繁盛。位于北纬50度的草原丝绸之路北道，以黑龙江上游额尔古纳河为起点，横贯欧亚大陆。史籍记载与出土文物证实，这里曾有匈奴骑兵活跃。后来成吉思汗蒙古军正是从呼伦贝尔草原出发，沿着这条北道奔向地中海沿岸。内蒙古自治区地处蒙古高原，历史上这一片广袤的区域先后生活过许多不同的民族，因此也留下了无数宝贵的历史文化遗产。由于内蒙古高原地处内陆，向西与欧亚大陆相连，又经历了历史上若干次的人口迁移，因此文化的对外传播也留下了不少痕迹。通过对考古发现和史料记载的考察，笔者将内蒙古文化对外传播的几个重要历史时期进行了梳理，从中发现不同历史时期内蒙古文化与外界文化进行交流的路径和特征。

第一节　早期蒙古高原与西方的文化交流

　　欧亚草原西起欧洲多瑙河下游，东至中国的大兴安岭，东西绵延一万多公里，是世界上最宽广的草原地带。这一地带的大部分地区属于温带大陆性气候，常年干燥少雨，土壤贫瘠，不适宜农业耕种。但这一地带丰富的草场资源为畜牧业的发展提供了便利的条件。因此，几千年来畜牧业一直是这一地区的主要产业。以乌拉尔山为界，整个欧亚草原被分为西部的欧洲草原和东部的亚洲草原①。中国北方的广大草原地带便位于亚洲草原的南缘。历史上，中国北方与欧亚草原的往来与联系可以分为两个方向：一个是东北向，即位于中国北方北部的蒙古高原东部与外贝加尔地区；另一个是西北向，即中国北方西北部的"亚洲内陆山麓地带"（包括萨彦岭、阿尔泰山脉和天山山脉由东北向西南延伸的地带）。这东西两个方向是早期中国北方地区与欧亚草原进行文化交流的重要通道②。

　　根据考古发现，早在旧石器时代，现今的蒙古高原就有与中亚、中原文化交流的迹象。苏联考古队在蒙古国东部达理冈的考古发现反映出旧石器时代生活在蒙古草原上的古代部落已经与中亚、南亚、西伯利亚等遥远地区的部落建立了一定的联系③。到公元前 3000 年末，西亚开始流行使用青铜

---

　　①　张楠. 比较蒙元帝国时期三大陆上丝绸之路的开拓方式［J］. 内蒙古电大学刊, 2016（1）：47 – 49.

　　②　薛东前等. 文化交流、传播与扩散的通道——以中国丝绸之路为例［J］. 西北大学学报（自然科学版）, 2013（5）：781 – 786.

　　③　杜晓勤. "草原丝绸之路"兴盛的历史过程考述［J］. 西南民族大学学报（人文社会科学版）, 2017（12）：1 – 7.

器,而中国早期的青铜器出现时间晚于西亚,根据考古发现,中国铜器的起源,很可能是通过早期欧亚草原通道进入中国的,如地处西北地区的齐家文化,早期铜器的发展便远超过中原地区,这可能是铜器从西方传入的有力证据。

公元前 2 千纪中叶,欧亚草原地区青铜文化进入了扩张的高峰期,在这一过程中,考古发现有两类遗存与中国北方和新疆地区存在着较为紧密的联系:一类是草原地区安德罗诺沃文化,另一类则是来自东方的彩陶文化。安德罗诺沃文化在欧亚草原青铜文化的发展过程中发挥了非常重要的作用,其文化扩张和人群迁徙对中国新疆和北方地区也产生了较大的影响。安德罗诺沃人群向东扩张遭到了甘青地区具有东方传统的彩陶文化和在其影响下的新疆本地文化的强烈阻击。同时中国北方地区流行的战斧在公元前 2 千纪晚期向西传播到新疆的哈密和吐鲁番地区。但是,中国北方向西传到新疆的器物并没有穿越新疆到达新疆西部;同样,欧洲草原向东的影响也没有穿越新疆达到河西走廊。这说明这个时期新疆东西部分别受到来自东方和西方的影响,但是它作为东西方文化的通道尚未贯通①。

20 世纪 60 年代,苏联考古学家普遍认为,中国商代时期的兽形纹饰应该起源于欧亚草原,而殷墟的青铜器也应该起源于乌拉尔南部地区的赛伊玛类型青铜器,其文化传播的途径也只能是欧亚草原通道②。近年来,部分中国学者也认为,中国北方游牧地区与黑海沿岸之间早在公元前 2000 年就存在一定的文化交流,而中国中原地区也早在那个时期就通过草原通道与欧洲东部地区发生了某种文化交流。③ 中国北方和蒙古高原冶金区形成并繁荣于

---

① 杨建华,邵会秋. 匈奴联盟与丝绸之路的孕育过程——青铜时代和早期铁器时代中国北方与欧亚草原的文化交往 [J]. 吉林大学社会科学学报,2015(1):154 – 162.

② 吉谢列夫. 苏联境内青铜文化与中国商文化的关系 [J]. 考古,1960(2).

③ 龚缨晏. 远古时代的"草原通道"[J]. 浙江社会科学,1999(5):59 – 65.

商代晚期。在中国北方与蒙古高原地区广泛分布着一种环首翘尖刀，主要出现在中国北方的最北部地区（最近发现的一件出自陕西榆林），从早到晚可以看到明显的演变过程，而且早晚形制变化在中国北方、蒙古国和外贝加尔地区基本是同步的。这种刀的分布区域也正是后来夏家店上层文化和石板墓文化的分布区域，说明中国北方与蒙古国和外贝加尔地区文化有很大的相似性，属于同一个冶金区，而且这个冶金区的雏形从夏朝时就已经出现了。联珠饰也是夏家店上层文化和石板墓文化最常见的装饰品，从目前发现来看，最早的联珠饰发现于夏时期的四坝文化与天山北路文化中。这两个文化的青铜器大多数来自亚洲内陆山麓地带，所以这里的联珠饰应当看成是来自东部的文化影响①。

从商代晚期到西周，中国北方、蒙古国和外贝加尔地区都进入了青铜器制作的繁荣期，考古工作发现这一时期出现了大量种类和形制相似的青铜器或青铜器组合。这一时期蒙古和外贝加尔地区发现的青铜器，从种类和形制上与晋陕高原和燕山南北的青铜器非常相似。这些相似特征的青铜器也是中国北方和蒙古高原冶金区形成的重要标志②。这一时期文献中也出现了关于欧亚草原东西方通道的记载。余太山对《穆天子传》中穆天子朝见西王母的路线进行了研究，认为史书记载周朝时期穆天子西征的行程路线应当为当时就存在的横亘于欧亚草原的东西交通要道，即先"自山西南部，折而向西，经雁门山，到达核桃西北部阴山山脉，后又经阿尔泰山东端，北行至科布多河流域，复西向到达斋桑泊，在那里与西王母会面后巡阿尔泰山南麓返回，自伊吾河流域经河套，回归洛阳"③。

①② 杨建华，邵会秋．匈奴联盟与丝绸之路的孕育过程——青铜时代和早期铁器时代中国北方与欧亚草原的文化交往［J］．吉林大学社会科学学报，2015（1）：154－162.

③ 余太山．《穆天子传》所见东西交通路线［C］．第二届传统中国研究国际学术讨论会论文集（一），2007.

在西周晚期到春秋早期，中国北方地区夏家店上层文化进入了繁荣期，蒙古和外贝加尔地区则是石板墓文化的分布范围。虽然目前发现的石板墓文化早期材料比较零散，但显示出它与夏家店上层文化的联系非常广泛。这种联系从相当于西周早中期的夏家店上层文化的形成期就已经出现，到繁荣期有进一步加强的趋势。夏家店上层文化与早期石板墓文化在武器、工具和装饰品等各种铜器上的相似性，凸显了两者间非常密切的关系，尤其是形制一致的装饰品和相似的装饰风格更表明中国北方地区与蒙古国和外贝加尔地区人群可能存在着贸易或迁徙等深层次的交流①。

到春秋战国时期，中国北方和蒙古高原等地都先后进入了游牧时代，各地联系进一步加强，在长城沿线形成了中国北方文化带。战国时期的中国北方是剧烈的人群流动与融合时期。从各地墓葬中的人种鉴定结果看，既有本地的古华北类型，也有北上的古中原人，还有从蒙古高原南下的北亚人，即中国文献中所说的胡人②。20世纪20～40年代，苏联考古学家在阿尔泰山巴泽雷克地区发掘的墓葬中发现中国中原的山字纹残铜镜等物，这些物品属于公元前6世纪至公元前5世纪，也就是战国前期。同墓还出土了中国的丝织品刺绣，其中有一件绣着精美凤凰图案的丝织品，这都可以证明在当时该地与中国中原地区就有联系。同时，墓葬中还有来自黑海北岸希腊殖民地的皮革、毛毡、木雕等制品。这也间接证明，中国中原地区与黑海北岸早期通过欧亚草原进行了辗转文化传递③。

---

①② 杨建华，邵会秋. 匈奴联盟与丝绸之路的孕育过程——青铜时代和早期铁器时代中国北方与欧亚草原的文化交往［J］. 吉林大学社会科学学报，2015（1）：154 – 162.

③ 张广达. 古代欧亚的内陆交通——兼论山脉、沙漠、绿洲对东西方文化交流的影响［M］. 桂林：广西师范大学出版社，2008.

第二节　秦汉时期丝绸之路的孕育与
东西方文化交往

战国晚期，战国七雄中的燕、赵和秦不断向北扩张，为了防止胡人南下纷纷修建长城，这使得自夏朝以来形成的中原、北方、草原的三分式格局变成了中原与草原的二分式格局。北方居民大部分融入了中原文化；北方居民的另一部分以南下的北亚人为主体，他们由于难以接受以农业为主的生活方式，北退到长城以北，变成真正意义的草原游牧人。在秦汉交替之际，他们逐渐形成了以冒顿单于为首的匈奴联盟，开始与秦汉王朝抗衡。有学者推测，最早的匈奴人应该就是南下到中国北方长城沿线的北亚人，他们带有石板墓文化的遗风，例如分尾式和圆形銎孔的骨镞和积石墓的习俗，但又大量接受了战国时期北方文化带的动物装饰风格[①]。

在秦汉帝国之后，中国进入一个新的时代。这个时期在中国北方和相邻的欧亚草原也发生了两件大事：一是在东部形成了强大的匈奴联盟，二是在西部开通了丝绸之路。这两件大事的发生都与中国北方地区文化存在着紧密联系。

公元前 3 世纪之后，匈奴人在蒙古高原兴起并迅速向外扩张，阻碍了东西通道，迫使中国北方人群寻求新的交流通道，由此产生了中国北方与天山七河地区的直接联系。其中最具代表性的就是甘肃张家川马家塬墓葬与七河

---

① 杨建华，邵会秋. 匈奴联盟与丝绸之路的孕育过程——青铜时代和早期铁器时代中国北方与欧亚草原的文化交往［J］. 吉林大学社会科学学报，2015（1）：154－162.

地区的伊塞克古冢的联系。从装饰母题到制造细节，从装饰方法到装饰效果，这两地墓葬都具有很大的相似性，体现了两者的密切联系。从文化传统上看，这种传播的方向应该是从西向东，而且两地之间的新疆地区也不是空白的。从最西边伊犁地区的特克斯县、新源县，往东的阿拉沟墓葬，再到最东面的哈密地区都可以找到这种联系的蛛丝马迹。相关的遗存都分布在天山沿线，说明到战国晚期天山已经成为连接关中地区与哈萨克斯坦草原的通道。这条路线的贯通改变了新疆原来作为东西文化影响接受者的格局而真正成为东西交通的通道，这也是丝绸之路的雏形，在中西交通历史上有着十分重要的意义①。

在汉武帝抗击匈奴的过程中，北方游牧民族不断北退，并结合了西面欧亚草原的文化因素形成了特有的匈奴文化。匈奴联盟以漠北为基地，不断南下侵犯中国北方与中原，并大规模向西部草原扩张，新疆巴里坤草原战国晚期的遗存和米努辛斯克盆地塔加尔晚期的捷西期遗存中都有大量的匈奴因素，说明匈奴文化已经达到了那里，而且势力非常大。在强大的匈奴联盟时期，中国北方与东部的蒙古高原以及与西部内陆亚洲山麓地带的交往几乎停滞了。这种交往只得改道沙漠绿洲，丝绸之路应运而生。

中国与欧亚大陆交往的前沿是中国北方与欧亚草原，这种交往路线和方式的改变，导致中国和欧亚大陆交往进入了新的时代。延续了两千多年的草原金属之路对于匈奴帝国的兴起和丝绸之路的建立，以及对后来的欧亚大陆桥的历史，都有着深远的历史影响。

① 杨建华，邵会秋．匈奴联盟与丝绸之路的孕育过程——青铜时代和早期铁器时代中国北方与欧亚草原的文化交往［J］．吉林大学社会科学学报，2015（1）：154－162.

第三节　魏晋南北朝时期草原
丝绸之路的复兴与繁荣

两汉时期，由于匈奴联盟的扩张，北方蒙古草原通道几乎停滞，取而代之的是沙漠绿洲路的兴起，在这条道路上，汉文化以匈奴为中介，传向西域乃至更远的地方。到了魏晋时期，曾经中断的草原之路开始复苏。

在曹魏时期，鱼豢《魏略·西戎传》所记载的"北新道"即指这条草原之路[①]。根据记载，车师后国首都于赖城便是这条草原之路的起点，向西可以到达西域若干国家。沿此路经行的都是草原游牧民族，这些游牧民族的迁徙与交往造成了中西方文化信息的辗转间接传递。

这条线路在五胡十六国和北魏前期由车师后部、高昌向东延伸，经河套地区至平城，东至辽东，形成了贯通中国北方的东西交通路线。欧亚草原路东段的兴起与当时的政治形势密切相关。魏晋时期，这里是鲜卑人活动的区域。鲜卑拓跋部原本游牧于大兴安岭北端东麓，3世纪中叶迁居盛乐（今内蒙古和林格尔）。3世纪末至4世纪初期，鲜卑族慕容部落的一支由吐谷浑率部西迁，途经今内蒙古乌兰察布—阴山—河套一线，而后迁居上陇，至枹罕（今甘肃临夏市），游牧于洮水西南（今甘肃、青海一带）[②]。由此可见，鲜卑人在沟通东西交通与文化交流方面起到了一定的作用。

十六国时期，铁弗部首领赫连勃勃建立夏国，建都统万城（今鄂尔多斯

---

① 石云涛.3－6世纪的草原丝绸之路［J］.社会科学战线，2011（9）：70－79.
② 周伟洲.吐谷浑史［M］.桂林：广西师范大学出版社，2006.

市乌审旗南白城子),而统万城也成为当时河套地区的交通枢纽,向东渡黄河可至平城,向西可至天水,向南可至长安,从而把秦陇、河套和山西连成一线,成为北方草原路向东延伸的重要条件。北魏太武帝西征的路线就利用了这条草原路,从平城向西至统万城。由于统万城至长安、秦州、凉州交通畅通,也就把草原路与传统意义上的丝绸之路连接起来①。

北魏前期,在中原战事频发、河西走廊局势动荡的情况下,东西方商旅利用北方草原通道进行贸易往来。北魏建都平城近百年期间,平城作为丝绸之路的起点之一,成为北方草原路的重要枢纽。北魏自太武帝起,与西域的交往便日益加强。太延元年(公元435年)五月,北魏朝廷派出使者出使西域,虽最终因被柔然捕获而未果,但随后诸国开始不断遣使来朝。同时,平城向东北与东北亚诸政权也建立了密切交往,位于朝鲜半岛的高句丽、百济、新罗国等都与北魏政权互遣来使,甚至联姻②。平城北魏政权与西域和东北亚的交往促成了草原路的东西贯通和利用。

北魏迁都洛阳后,由于北魏政权中心南移,与西域的交往主要取道河西走廊,因此北方草原路主要为新崛起的草原游牧民族所使用。柔然与北魏对峙时期,北方草原路居延一带为柔然控制。居延道位于内蒙古阿拉善额济纳旗境内,其发自阴山山麓,途经居延绿洲,西过天山之北而通中亚诸国,成为自中国北方经草原路如西域的道路,并与河西走廊相通,在河西走廊不通时,便成为中原地区与西北边疆各族政权和民间往来的替补道路③。后柔然被匈奴击溃,余部西迁,也是沿草原路向西入欧洲的。

6世纪中叶,突厥部落日渐强盛,与中原地区的贸易活动也非常活跃,成

①③ 石云涛. 3 - 6 世纪的草原丝绸之路 [J]. 社会科学战线,2011 (9):70 - 79.

② 李凭《从平城时代到洛阳时代——论述北魏王朝的发展历程》,《黄河文化论坛》第九辑,中国戏剧出版社,2003 年。后经增补易名为《北朝发展的轨迹》,发表于《北朝研究存稿》,商务印书馆,2006 年,同时以《北朝的发展轨迹》为名,发表于《4 - 6 世纪的北中国与欧亚大陆》,科学出版社,2006 年。

为草原丝绸之路上的重要力量。突厥雄霸北方草原200余年，客观上阻断了中原地区与西域的直接往来，但却充当了中原地区与西域交往的中介。突厥统治北方草原期间，向西与东罗马的交往频繁，双方互遣使者，友好往来，丝织品贸易兴盛。此间均取道中国西北地区至拜占庭之间的草原之路。

总体来说，在魏晋南北朝时期，由于政治动荡、战争频发，北方草原丝绸之路不仅是北方草原游牧民族与西域和辽东交通的主要道路，同时在河西走廊因战乱被阻断期间，也是中原与西域交通的替补道路，成为这一时期使节僧侣和商贸往来交通的重要道路。

第四节　辽代草原丝绸之路的繁荣兴盛

辽代由于北方草原由统一的民族政权控制，草原丝绸之路更为通畅，贸易和文化交流也日渐繁荣。河西走廊被西夏政权占据，绿洲丝绸之路受阻，辽政权与西方诸国的交往只能依靠北方的草原丝绸之路。公元924～925年，辽太祖西征，打通了一条从辽上京（今内蒙古自治区赤峰市巴林左旗林东镇）经巴林右旗、怀州到西域的草原商道。辽代的草原丝绸之路分为南北两线。北线从辽上京出发，经西北到达今蒙古国境内，当时为阻卜、乌古、敌烈诸族所居之地，之后向西穿过沙漠到达西域。南线则是从中京或南京出发，经辽西京，越过阴山河套地区，向北到达漠北地区，之后和北线汇合①。"辽代草原丝绸之路的南北两线基本上把辽政权的各个城市连接起来，形成了交通干线上的全

---

① 武玉环，程嘉静．辽代对草原丝绸之路的控制与经营［J］．求索，2014（7）：158 – 162.

方位开放格局，进一步促进了草原地区的经济文化繁荣”①。

辽太祖时期掌握了草原丝绸之路的控制权后，通过军事打击和机构设置对这条通道进行保护和控制。军事方面对漠北地区各部族进行军事防范和钳制，同时设置了西北路招讨司，主要目的是镇抚阻卜诸族，同时肩负保护草原丝绸之路的职责。对西南路的控制主要以拉拢和征服稳定西夏和设置西南路招讨司为主。辽代不仅重视漠北和漠南阴山一带草原丝绸之路的经营，同时也非常重视和西域诸国的关系，典型的就是与回鹘之间的朝贡和联姻往来。由于辽代统治者对草原丝绸之路的控制和经营，这条通道商贸往来日渐繁盛②。

辽与漠北诸族的贸易往来主要以牲畜和皮毛为主。与西域的朝贡和贸易往来也使得东西方文化交流更加频繁。近年来在草原丝绸之路沿线的大量考古发现也印证了辽代与西域文化交流的盛况，如辽代出土文物中就有琉璃器、波斯银壶、景教墓碑等带有大食、波斯、东罗马文明因素的器物。

辽代草原丝绸之路上经贸往来的繁荣对当时的社会经济发展具有重要的意义，从西域引进的西瓜就是典型的例子，同时手工艺品、日用品、装饰品等也经由草原丝绸之路从西方传入我国。

第五节　蒙元时期丝绸之路的开拓

一、蒙元初期草原丝绸之路的开拓

成吉思汗统一蒙古各部后，草原丝绸之路被官方纳入管理控制的范围内，

---

① 王大方. 论草原丝绸之路 [J]. 鄂尔多斯文化，2006（2）：7 – 9.
② 武玉环，程嘉静. 辽代对草原丝绸之路的控制与经营 [J]. 求索，2014（7）：158 – 162.

成为一条具有安全保障性的世界通道。蒙古人以草原丝绸之路为依托开始了西征南进，这样的进程维护和发展了草原丝路。蒙古帝国建立后，为了进一步保障东、西方贸易，保障军情与政令畅通，同时为了加强对蒙古各汗国的控制，并增进各蒙古汗国之间文化与经济交流，蒙古汗国政权致力于贯通亚欧草原南北交通干线，设立了帖里干、木林、纳怜等119个沟通漠南、漠北草原地区的交通驿站①。

元朝定都大都后，当时的蒙古帝国可汗窝阔台以元大都和元上都为中心，向东、西和西北三个方向分别开辟了三条连接欧亚的驿路。其中，东道以元大都为起点，北上经元上都，西行至哈拉和林地区（今蒙古国乌兰巴托附近）；西道以元上都附近为起点，经兴和路（今河北省张北县）西行，在丰州折向北行，穿越大青山北上至哈拉和林；西北道自元大都西行经大同路东胜州（今托克托县大荒城）溯黄河经云内州至甘肃行省北部的亦集乃路，北上绕杭爱山东麓至哈拉和林②。到忽必烈统治时期，以及其后数十年，在三条主干线上先后设车道57个、马道38个、草原道24个，进一步加强了元上都、元大都与蒙古高原腹地哈拉和林之间的交通联系。草原丝绸之路在此基础上以哈拉和林为中心向西北经中亚纵向延伸，直至欧洲。

二、钦察汗国统治下欧亚草原丝绸之路的畅通与扩大

钦察汗国由成吉思汗长子术赤及其后裔建立。钦察汗国疆域东起额尔齐斯河，西至多瑙河流域，囊括了东欧平原、西伯利亚和哈萨克草原大部分地区。钦察汗国的建立，使得草原丝绸之路沿线地区基本被纳入一个统一政权统治之

① 田庆锋. 钦察汗国与蒙古元朝时期之中西交通［D］. 西北师范大学硕士学位论文，2003.
② 张楠. 比较蒙元帝国时期三大陆上丝绸之路的开拓方式［J］. 内蒙古电大学刊，2016（1）：47－49.

下，这在客观上清除了中西经济文化交流的政治障碍；钦察汗国对内的统治政策和对外的外交政策，为中西经济文化交流提供了有利的条件。这一切使草原丝绸之路在蒙元时期获得了充分发展。

在被蒙古征服之前，传统欧亚草原丝绸之路主要是一条极不稳定的道路，分布于丝路沿线地区的诸民族不断厮杀，战争迭起，很少出现跨洲际的大商人和旅行家。拔都西征和钦察汗国建立后，一批批跨洲际的商人和使节开始通过欧亚草原丝绸之路奔波于东方和西方之间，担负起沟通中西方信息、传播东西方文化的使命①。裴哥罗梯的《通商指南》约于1340年成书，其东方之记事，主要源于曾到达东方的商人，而且主要是根据商人的实际所见所闻而编写的，是真实可信的。根据裴哥罗梯的报道，可以推知蒙元时期欧亚草原丝绸之路的具体走向为：塔那—靖塔昌（阿斯特拉罕）—撒雷（萨莱）—撒拉康科—玉龙杰赤—斡脱罗儿（斡答剌）—阿力麻里（霍城附近）—甘州（张掖）。与裴哥罗梯几乎同时代的摩洛哥著名旅行家伊本·白图泰，曾亲自游历了钦察汗国境内草原丝绸之路这一段，根据其《伊本·白图泰游记》可推知其旅游路线大致为：刻赤港—卡法—克里木—爱杂格—马扯尔城—月即别大营（冬营地之一）—哈只·台儿汗—塞拉（别儿哥萨莱）—花剌子模—阿勒卡特—斡布克奈镇—布哈拉②。

裴哥罗梯、伊本·白图泰、巴斯喀尔和马黎诺里的记载虽然不尽相同，有详有略，但是皆表明蒙元时期经过钦察汗国的欧亚草原丝绸之路是畅通无阻的，草原丝绸之路经济文化交流极其繁荣。喀法（卡法）、塔那、克里木、靖塔昌、别儿哥萨莱、撒拉康科（萨拉齐克）、玉龙杰赤等城镇皆是草原丝绸之路沿线的重要立足点和中转站。旅行于其上的不仅有传教士，同时也有许多商

---

① 田庆锋. 钦察汗国与蒙古元朝时期之中西交通 ［D］. 西北师范大学硕士学位论文，2003.
② 张星烺. 中西交通史料汇编（第一册）［M］. 北京：中华书局，1997.

人（如与巴斯喀尔在阿力麻里一同遇害的人中就有商人），这些都是丝路畅通和繁荣的明证。草原丝绸之路的繁荣，不仅促进了中西经济文化交流的发展，而且加强了钦察汗国各地的联系①。

三、蒙元时期绿洲丝绸之路的开拓

与草原丝绸之路不同，绿洲丝绸之路的战略意义更加被历代统治者重视。自西汉开辟绿洲丝绸之路后，历代统治者都非常重视对其的控制，并在不同程度上维护和发展了绿洲丝绸之路的范围。同时，也正因为绿洲丝绸之路在贸易和对外交流方面的战略地位，这段路也成为各政权必争之地，多次因战乱而阻断。吐蕃、西夏在"安史之乱"后相继占据河西走廊，在一段时期内阻断了由长安经河西走廊通往西域的一段绿洲丝绸之路。

成吉思汗1227年灭西夏后，在河西走廊沿途城镇的张掖、酒泉、玉关等地设立驿站，命蒙古雍古部镇守今日的甘肃山丹地区，从而初步扫清了从河西走廊至天山北路往来的道路障碍。忽必烈统治时期（1260~1294年），为了加强与当时伊利汗国的联系，他派兵沿玉门关至高昌一线行进，抵达中亚，沿途肃清了企图独立的宗王，从而确保了绿洲丝绸之路南道的畅通。与此同时，元朝政府不断地改进和完善河西等地的驿道交通，并在太和岭至别失八里（今新疆吉木萨尔境内）一段新设了三十个驿站，目的是加强对绿洲丝绸之路北道的建设和控制。元朝政府自忽必烈时期就着手于疏通绿洲丝绸之路北道，直至蒙哥统治时期（1251~1259年）才彻底平定叛乱，完全疏通了从漠北至别失八里，再沿汉唐天山北道西到中亚的交通路线。至此，绿洲丝绸之路全线得

---

①　田庆锋．钦察汗国与蒙古元朝时期之中西交通［D］．西北师范大学硕士学位论文，2003.

到疏通和完善，成为中西交流的主要通道①。

第六节　清代恰克图贸易与各族文化大交流

恰克图是清代中俄边境重镇，汉名买卖城。南通库伦（今蒙古国乌兰巴托），北达上乌丁斯克（今俄罗斯乌兰乌德）。清初，俄国所需中国产商品主要是通过蒙古地区获得的。当时以晋商为主的中国商人是蒙古地区的主要贸易者。晋商将丝绸、茶叶、瓷器及其他生活用品贩卖到蒙古地区，俄国商人再从此处购得商品运回本国。

沙俄政府在西伯利亚地区不断地开疆扩土，这虽然拉近了俄罗斯族与蒙古族和汉族之间的距离，但同时也在军事上不断地滋扰漠北蒙古族诸部，间或也与部分部落进行贸易。由于清政府向来重视蒙古地区的政治动向，这样的局面引起了清政府的不安。为了巩固对蒙古各部的统治，清政府曾经限制外国人到蒙古地区进行贸易，甚至在蒙古各部落、各盟旗之间也采取了相似的措施。这些措施极大地限制了蒙古族与其他民族和地区之间的文化交流，使蒙古地区一度处于一种相对封闭的状态。政治关系的不稳定使得民族间的文化交流时断时续，也呈现出极不稳定的状态。康熙帝在平叛"三番"、收复台湾之后对沙俄出兵，迫使沙俄在 1689 年（康熙二十八年）签订了《尼布楚条约》，划清了国界，有效遏制了俄国在中国北部的入侵。条约还约定了双方的通商事宜，自此，中俄之间开始了正式的贸易往来。期间中俄贸易多次因俄国对中国西北和漠北地区的侵略而中断。两国政府分别在 1725 年、1727 年和 1728 年连续签署

① 孙秀君. 论蒙古帝国时期蒙古人对陆上丝绸之路的贡献［J］. 西部蒙古论坛，2016（1）：3 - 9.

条约，明确双方的贸易规定，并在恰克图、尼布楚和祖鲁海尔设互市。1730年（雍正八年），清政府批准在恰克图的中方边境地区建立买卖城，将恰克图分为南北两市，北市为俄国商民居住，南市为中国商民居住。这一系列条约的签署，为晋商提供了极为优越的贸易环境，而恰克图也因晋商的参与而成为商贾云集之地，中俄贸易异常繁荣。恰克图贸易形成以后，蒙古族、汉族、俄罗斯族之间的文化交流日趋顺畅和频繁①。

恰克图贸易快速发展产生的经济效益吸引了大批汉族商人到蒙古地区进行贸易。逐渐打破了清政府实施的"蒙禁"政策，加强了汉族与蒙古族之间的文化交流。在恰克图贸易发展的初期阶段，汉族商人逐渐前往恰克图、库伦等城市进行贸易。初到蒙古地区的汉族商人为了顺利进行贸易，融入蒙古族占统治地位的社会体系之中，只能积极地学习蒙古族的语言、文化习惯等。但是随着贸易额的不断上升，在蒙古地区进行贸易的商人也在逐渐增加，蒙古地区的人口结构发生了变化。汉族人口的增加，使得汉族文化对蒙古族的影响日益加强。在蒙古地区的一些城市中，出现了具有农耕文化特色的建筑物。蒙古族的节庆、服饰等也都受到了汉族的影响。

恰克图贸易还促进了蒙古族与俄罗斯族之间的文化交流。尽管蒙古族与俄罗斯族的文化交流受到了清政府的限制，但是蒙古地区作为恰克图贸易的发生地，俄罗斯民族的一些先进的生产方式和生产工具仍然在蒙古族各部落间进行了广泛的传播。而蒙古族的语言、文字作为恰克图贸易中的通用语言被俄国的商人广泛学习和使用。

蒙古地区的居民主要以蒙古族为主体，兼有鄂伦春、鄂温克、达斡尔等少数民族。到清朝初年，这些少数民族大部分处于父系氏族发展阶段，生产方式以采集、游猎为主，生产力水平有限。在恰克图贸易形成与发展的过程之中，

---

① 余太山．西域通史［M］．郑州：中州古籍出版社，1996．

这些北方少数民族从汉族、俄罗斯族等民族那里学习了许多先进的物质文化。如鄂温克族的通古斯人从俄罗斯人那里学会了割草的技术；而鄂温克族的索伦人和鄂伦春人则学会了制造铁质工具的技术，并以铁质的生产工具代替了传统的石、骨等。在接受先进物质文化的同时，这些少数民族的经济思想意识也在不断提高。随着恰克图贸易商品的不断丰富，鄂伦春人的商品经济意识发生了转变。鄂伦春人懂得了为发展市场商品经济而狩猎，逐渐改变了传统的狩猎和生活方式。而许多达斡尔人和鄂温克人则与蒙古人相似，不再单纯地从事传统的生产方式，转而从事交通运输业。除了促进世代居住在蒙古地区少数民族间的文化交流外，恰克图贸易还吸引了回族等少数民族商人到蒙古地区进行贸易，进而促进了这些民族与汉族、蒙古族等民族的文化交流。大黄作为恰克图贸易的重要出口产品在很长的一段时间内被青海的回族商人所垄断。这些垄断大黄贸易的回族商人聚居在诸如归化城、库伦等蒙古地区的城市，并将绚烂的伊斯兰文化传播到了蒙古地区。而清代的满族，作为中国的统治民族也在恰克图贸易的影响下与其他少数民族展开了文化交流。当时为了掌管蒙古地区和恰克图贸易的事务，清政府在蒙古地区设置了库伦办事大臣和其他的一些将军、都统衙门。这些官员大部分由满人胜任。在恰克图贸易的带动下，这些满族官员逐渐学习并使用俄罗斯族和蒙古族的语言、文字。在其服饰上也可以找到这两个民族文化的影子[①]。

恰克图贸易的产生与发展打破了因政治因素而封闭的蒙古地区。随着俄国商人、汉族商人及其他民族商人涌入蒙古地区进行贸易，在各民族间进行以"以物易物"为基础的商品交换的同时，汉族、俄罗斯族与蒙古族等民族的文化不断交流融合。恰克图贸易促进了汉族、俄罗斯族、蒙古族的文化交流，使其以各自的生产方式为基础，形成了独特的民族文化。

---

① 塔日．中俄恰克图贸易对蒙古地区经济文化的影响研究［D］．中央民族大学硕士学位论文，2013.

第四章
当代内蒙古文化对外传播状况

近年来，随着国家"一带一路"倡议的提出，以及各个具体项目的实施，内蒙古自治区抓住机遇，发挥地域优势，积极参与中蒙俄经济走廊建设。与此同时，对外文化与教育交流活动也逐步开展，将内蒙古的特色文化带向世界。然而，因为内蒙古自治区地处内陆，长期以来经济发展的滞后，以及对外贸易对象和产业的局限性，导致了内蒙古自治区与东部沿海城市与地区在对外开放程度方面仍存在较大差距，内蒙古文化在西方国家与邻国的传播也存在很大的局限性。

第一节　当代内蒙古文化传播方式与成就

近年来，随着内蒙古自治区积极融入国家"一带一路"倡议，对文化交流与地方传统文化对外传播方面也取得了令人瞩目的成就。具体表现在以下几个方面。

首先，对外交流的主动性加强，政府主导的对外交流团体活动范围扩大，频率提高。2014 年内蒙古自治区共派出文化艺术团组 20 余个、200 多人次，分赴俄罗斯、泰国、丹麦等十多个国家及中国港澳台地区开展对外文化交流。仅 2014 年和 2015 年两年共派出 50 余个团组、400 多人次，赴二十几个国家和地区开展了文化交流活动。同时，积极开展"请进来"的交流方式，2015 年有十余个国家和地区的 329 名文化艺术工作者来内蒙古自治区进行文化交流。

　　其次，以地方特色艺术走出国门为纽带，加强了对外文化交流。内蒙古民族艺术表演走出国门为内蒙古文化对外传播做出了积极的贡献。内蒙古民族艺术剧院多次赴欧洲、非洲和亚洲各国举办演出和文化交流活动，使得马头琴、呼麦等民族艺术瑰宝被世界所熟悉。内蒙古乌兰牧骑是内蒙古草原上活跃的文艺演出团队。近年来，内蒙古文联组织西乌珠穆沁旗、阿拉善左旗等地的乌兰牧骑赴德国、匈牙利、法国、捷克等国家开展文化交流访问和演出活动。内蒙古摄影家协会与乌兰巴托中国文化中心联合主办了"中蒙摄影艺术交流展"；内蒙古电影家协会与蒙古国电影家协会签署了中蒙电影合作协议；乌兰巴托·中国内蒙古文化周活动包括中蒙作家学术论坛、中国经典作品赠送蒙古国仪式、中蒙美术书法摄影作品展等，在活动中中蒙双方签署了文学交流与合作协议。内蒙古艺术院团也参加国家品牌的交流活动，如"欢乐春节""国家文化年""国家文化节"等艺术表演，依托国家对外交流平台，加强内蒙古文化的对外传播。近年来内蒙古文化艺术团体在澳大利亚举办"美丽的草原我的家——澳大利亚内蒙古文化周"，包括蒙古族青年无伴奏合唱团演出、内蒙古风情摄影展、非物质文化遗产展示等系列活动，反响非常好，受到了澳方和中国驻澳使馆的高度评价。

　　再次，与蒙古、俄罗斯等毗邻国家的合作不断加强，内蒙古民族艺术剧院组织业务人员赴蒙古国进行观摩、学习，并参加了第四届国际马头琴那达慕，内蒙古考古研究所与蒙古国联合开展"游牧民族文化遗存考古调查与发掘"

并取得了系列成果，加强了内蒙古自治区与《中国日报》（英文版）、CCTV英语频道、新华网（英文版）、人民网（英文版）等国内主要英文媒体的合作。境外媒体也是"他塑"内蒙古国际形象、传播内蒙古民族文化的重要渠道。邀请美国媒体报道内蒙古自治区，鼓励他们全面、客观地报道内蒙古民族文化。同时相关部门要组织专门人员关注美国媒体对内蒙古自治区以及内蒙古民族文化的报道情况，及时提供信息反馈，为政府决策提供客观依据。

又次，民族特色文化产业、广播出版事业空前活跃。内蒙古局立足多民族历史文化宝贵资源和对外文化交流的区位优势，深度融入国家"一带一路"建设。在2013年第65届戛纳电影节上，内蒙古民族电影代表团携8部风格迥异的民族电影亮相，让草原民族风"刮进"戛纳电影节。这些草原民族特色电影的展映吸引了很多欧洲观众，不少片商前来洽谈购买欧洲版权。启动实施"纳荷芽"中蒙出版交流工程、"丝绸之路影视桥"工程、"丝路书香工程"、蒙汉文互译新闻出版人才培养基地和基里尔蒙古文新闻出版人才培养基地建设等项目，加快建设"中俄蒙文化走廊"，推动形成新闻出版广播影视"走出去"新格局，着力讲好中国故事，传播好中国声音。

最后，文化交流更具规划性，政策保障发挥更大作用。内蒙古自治区"十三五"规划中提出要"推动民族文化宽领域高层次'走出去'"。规划明确了"十三五"期间文化对外交流的重要任务有：贯彻落实自治区《关于进一步加强全区对外对港澳台文化工作的实施意见》（内党办发〔2015〕29号），规范和统筹全区对外文化交流工作；按照自治区《关于加强与俄罗斯和蒙古国文化交流的意见》（内政办发〔2016〕25号），围绕"一带一路""向北开放"发展战略，依托"草原丝绸之路""万里茶道"的历史渊源优势，加大与俄蒙文化交流力度。打造对外文化交流品牌；整合民族和地域文化资源，着力打造"美丽草原我的家"对外文化交流活动品牌；不断扩大对外文化贸易，鼓励和扶持优秀文化企业和个人参加海外文化精品推介会，扩大国际市场空间,增加国际文化竞争力;搭建公共服务平台,针对演艺、数字、艺术、工艺品、文化旅游创意设计等核心领域,完善品牌策略、信息服务、投融资等机制;积极参与海外中国文化中心活动。加强与海外文化中心的合作交流。2017年,内蒙古自治区制定发布了《内蒙古自治区"一带一路"文化发展行动计划》,进一步明确了内蒙古文化建设和对外文化交流的具体规划,谋划构建"一带一路"文化交流合作机制,打造文化交流品牌项目,加强文化交流基础设施建设,推动内蒙古草原文化"走出去",提升内蒙古在国家对外开放大局中的战略地位和国际影响力。

2018 年,内蒙古自治区经文化系统审批的对外文化交流项目 3383 项,66734 人次参加;对港澳文化交流项目 490 项,11411 人次参加;对台文化交流项目 311 项,3642 人次参加。其中,以文化和旅游双多边交流机制及高级别人文交流机制为抓手,与冈比亚、巴拿马、西班牙、尼日利亚等 18 国签署文化协定或执行计划,推动深化与世界各国的文化和旅游交流与合作。举办上海合作组织、中日韩、中美、中国—东盟等有关活动,参加中加、中意、中俄蒙和亚欧、亚太以及金砖国家等相关会议。此外,建立了"一带一路"文化和旅游交流机制,成立丝绸之路国际博物馆联盟、国际图书馆联盟、美术馆联盟。举办第五届丝绸之路国际艺术节、第三届丝绸之路(敦煌)国际文化博览会、丝绸之路国家美术馆作品展。在"一带一路"沿线国家和地区打造"丝绸之路文化之旅"和"丝绸之路文化使者"等重点交流品牌,助力"一带一路"沿线国家民心相通。以讲好中国故事为主线,提升"欢乐春节"文化交流品牌形象,2018 年"欢乐春节"在全球 130 个国家和地区的 400 多座城市举办近 2000 场活动。加强"超乎想象的中国"旅游推广,打造"美丽中国"旅游品牌。在阿维尼翁戏剧节、爱丁堡艺穗节等节展框架下举办"聚焦中国"系列活动。在美国、加拿大、俄罗斯、尼泊尔等国举办文化年(节)活动,进一步塑造"中国年节"形象品牌。制定《文化和旅游部与地方合作共建海外中国文化中心工作指南》，加强驻外文化和旅游机构相关制度建设，在拉脱维亚、摩洛哥开设中国文化中心，使全球中国文化中心总数达到37个。与约旦、乌拉圭、阿联酋、科特迪瓦、阿尔及利亚、西班牙6国签署设立文化中心的政府文件。继续开展部省共建中心工作，与广西壮族自治区、江西省签署合作共建河内中国文化中心、里斯本中国文化中心的协议。指导海外中国文化中心联动举办"中国文化周"统一品牌活动和"天涯共此时"中秋品牌活动。①

内蒙古自治区以民族文化为主要特色和亮点的对外传播在一定程度上提高了内蒙古自治区在国际上的知名度，为内蒙古自治区的经济建设和对外经济合作与贸易营造了良好的人文环境。

第二节　内蒙古文化与内蒙古形象
国际传播现状调查分析

内蒙古文化以及内蒙古形象在世界各国的传播状况直接反映出内蒙古的对外传播现状。在"一带一路"建设背景下，笔者认为内蒙古文化传播的主要目的国应包含占据世界经济文化主要地位的英语世界、内蒙古自治区主要对外开放国家蒙古与俄罗斯，以及一直以来与内蒙古自治区保持较为密切文化交流的日本。因此，本书选择了英语世界的代表国家美国和英国，俄罗斯、蒙古国和日本这五个国家为研究对象，考察内蒙古文化和内蒙古形象在这五个国家的传播状况。具体地说包含内蒙古文化在这五个国家主要语料库中的出现状况、

---

① 内蒙古文化旅游厅官方网站，http：//wlt. nmg. gov. cn/zwgk.

五国主流媒体中内蒙古形象的传播状况，以及英语、蒙古语、俄语、日语网络世界中的内蒙古形象传播状况。

一、基于语料库的内蒙古文化国际传播现状调查

20 世纪中后期逐渐兴起了一种新的语言研究方法——语料库语言学（Corpus Linguistics）。与传统的"沙发里的语言学"不同，语料库语言学以大量真实的语言数据为研究对象，进行多层次和全方位的研究，揭示隐含的普遍规律。语料库语言学的出现对语言研究产生了巨大影响，"毫不夸张地说，语料库及语料库研究在过去几十年里给语言研究以及语言应用研究带来了一场革命性的变化"。20 世纪 90 年代以来，语料库的重要性日趋明显，语料库研究发展迅速，呈现出繁荣景象。目前，基于语料库的研究方法已经逐渐扩展到语言教学、话语分析、翻译研究、词典编纂和自然语言处理等多个领域。

语料库（Corpus）是指经科学取样和加工的大规模电子文本库。学术界关于语料库的三点基本认识是：首先，语料库中存放的是在语言的实际使用中真实出现过的语言材料；其次，语料库是以电子计算机为载体承载语言知识的基础资源；最后，真实语料需要经过加工（分析和处理）才能成为有用的资源。大型通用语料库中的语料来源包含书面语语料与口头语语料，而书面语语料来源有文学作品、新闻报刊、学术作品等。大型通用语料库收录语料资源丰富、数量巨大，并且具有代表性。因此，通过对不同语种的大型通用语料库进行检索，可以比较全面真实地反映某一词汇在该语种语言中出现和使用的情况。但是同时需要注意的是，语料库的收录范围、更新频率对检索结果也会有较大影响。

目前针对内蒙古民族文化在英、美国家传播的相关研究还较为缺乏，造成这种研究不足的原因有以下几个方面：首先，内蒙古民族文化词汇的英译

有待完善。很多内蒙古民族文化词汇的英语表达没有定论，国内学者与美国学者对一些词汇的译法有时也不尽相同，这对检索词的选择造成一定困难。事实上，内蒙古民族文化词汇的英语表达属于"中国英语"（China English）的范畴（"中国英语"概念最早由葛传椝于1980年在《漫谈由汉译英问题》一文中提出），而截至目前还没有能比较系统、全面反映"中国英语"的语料库。令人欣喜的是，河南师范大学李文中教授主持的国家社科基金项目"基于语料库的中国英语本土化研究"，正在建设"中国英语"语料库（China English Corpus，CEC），将填补"中国英语"语料库研究的空白。其次，没有能满足研究需要的英美国家英语语料库。要检索分析内蒙古民族文化词汇在英美国家的应用情况，一个合适的英美国家英语语料库是必不可少的。不管是20世纪60年代的Brown、90年代的Frown，还是进入21世纪以后的ANC（美国国家语料库），由于受时代和容量所限，都不能全面地反映内蒙古民族文化词汇在英美国家的应用情况。最后，内蒙古民族文化博大精深，承载内蒙古民族文化的词汇数不胜数，如何选择有代表性的词汇作为研究对象，也是不得不考虑的现实问题。

本书选取了能够代表内蒙古文化的十五个词汇，分别在美国、英国、俄罗斯、蒙古国和日本最大的通用语料库中进行检索，以期在一定程度上反映内蒙古文化在五国语言使用中出现的情况。

（一）研究设计

1. 目标词汇的选择

经过反复筛选，研究人员确定了十六个能够代表内蒙古文化的词汇，如表4-1所示。

表 4 - 1　内蒙古文化词汇多语种译文

汉语	英语	蒙古语	俄语	日语
内蒙古	Inner Mongolia	Өвөр Монгол	Внутренняя Монголия	内モンゴル
呼和浩特	Hohhot	Хөх хот	Хух - Хото	フフホト
鄂尔多斯	Ordos	Ордос	Ордос	オルドス
锡林郭勒	Xilingol	Шилийн гол	Шилин - Гол	シリンゴル
呼伦贝尔	Hulun Buir	хөлөнбуйр	Хулун - Буир	フルンボイル
成吉思汗	Genghis Khan/ Chinggis Khan	Чингис хаан	Чингис - хан	チンギス・カン
敖包	Aobao/obo	овоо	обо	オボー
马头琴	Morin	морин хуур	моринхур	馬頭琴/ モリンホール
格萨尔传	Gesar	Гэсэрийн тууж	Гэсэр	ケサール伝
江格尔	Janger	жангар	Джангар	江格尔
蒙古摔跤 （博克）	Mongolian Wrestling/Boke	БөХ	крепкое темное пиво	ブログ
那达慕	Nahdam（fair）	Наадам	надом	ナーダム祭り
呼麦	Hoomei	Хө өмий	хоомей	喉歌
鄂伦春	Oroqen	И Lunchun	Орочон	オロチョン族
鄂温克	Evenki	Evenki	Эвенки	エヴェキ族
红山玉龙	Hongshan Jade Dragon/ First Dragon at Hongshan Eron	Hongshan хаш луу	тёмно - зелёная яшмовая статуэтка дракона	紅山文化の玉龍

　　"内蒙古""呼和浩特""鄂尔多斯""锡林郭勒"和"呼伦贝尔"五个地名的选择，主要考虑了代表性和国际知名度。其中"内蒙古"为地区名称，"呼和浩特"为首府城市，"呼伦贝尔"和"锡林郭勒"为最具代表性的草原，而"鄂尔多斯"因鄂尔多斯羊绒衫闻名世界。此外，从内蒙古自治区 2015 年 7 月 1 日对外公布的"内蒙古十大文化符号"中，选取了五个比较具有代表性的"文化符号"，即"敖包""马头琴""那达慕""成吉思汗"和"红山玉

龙"。"内蒙古十大文化符号"由内蒙古自治区社会科学院经过一年多的专题调研，从征集到的 210 项文化符号中遴选产生，最终由内蒙古自治区政府新闻办公室召开新闻发布会正式发布，具有代表性和权威性。另外，研究人员选取了文学与民间传说中具有代表性的"江格尔"，艺术类代表词汇"呼麦"，体育类代表词汇"蒙古摔跤（博克）"，以及内蒙古自治区著名的"三少民族"中的"鄂伦春"和"鄂温克"。内蒙古文化词汇选定后，分别由英语、俄语、蒙古语和日语专家确定了在该语种中较为通用和普遍认可的译文。并且由于本研究仅仅为了显现这些文化词汇在各国语料库中的出现状况，不进行横向比较，因此，译文全部选取名词基本形，忽略不同语种中性、格、数等带来的词形变体。由此获得本书的研究对象，即四个语种共计 60 个词汇。

2. 语料库的选择

本书选取的语料库分别为美国当代英语语料库、英国国家语料库、俄语国家语料库、蒙古语国家语料库和现代日语均衡书面语语料库。考察内蒙古文化词汇在这五个语料库中的出现频数和分布状况。同样地，由于本书仅仅显现这些文化词汇在各国权威语料库中的出现状况，并不进行横向比较，因此对由于语料库规模不同而带来的检索结果差异不进行讨论。

美国当代英语语料库（The Corpus of Contemporary American English，CO-CA）是当代美国最大的英语语料库，由美国 Brigham Young University 的 Mark Davies 教授开发，2008 年 2 月 20 日在互联网上正式推出，对外免费开放。该语料库收录了 1990 年起共计 5.2 亿词汇语料，涵盖了文学作品、大众杂志、学术期刊、新闻报纸和口语文本，且每年更新两次。美国当代英语语料库具备了一个好语料库的三项最基本条件：规模（Size）、速度（Speed）以及词性标注（Annotation）（Davies，2005）。访问网址为 http：//corpus. byu. edu/coca/。界面如图 4 - 1 所示。

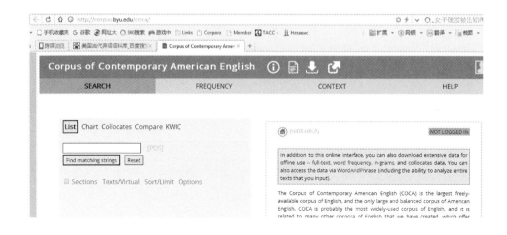

图 4 - 1　美国当代英语语科库界面

英语国家语料库（British National Corpus，BNC）是由英国牛津大学出版社、朗文出版公司、钱伯斯—哈洛普出版公司、牛津大学计算机服务中心、兰卡斯特大学英语计算机研究中心以及大英图书馆等联合开发建立的大型语料库，1995 年由 Lou Burnard 和 G. Leech 等主持建立。该语料库语料来源广泛，书面语与口语并用，BNC（2.0）光盘版词次超过 1 亿，其中书面 9000 万词，口语 1000 万词，同时在此基础上建立的 BNC（2.0）网络版词次已达到了 2 亿。文本题材同样涵盖文学作品、大众杂志、学术期刊、新闻报纸以及口语。BNC 采用世界通用的标准化标注语 SGML（Standard Generalized Make - up Language）体系和 XML（The Extensible Make - up Language）体系。该语料库既可使用世界通用的文本分析计算机工具（TACT）与词汇分析工具包（LEXA），也可用其配套的 SARA 检索软件进行检索。此外，BNC web 可直接用于拥有 2 亿词的 BNC（2.0）进行在线检索。语料库的建立标志着语料库语言学的发展进入了一个新阶段，并将在语言学和语言技术研究方面发挥重要作用。访问网址为 http：//corpus. byu. edu/bnc。界面如图 4 - 2 所示。

图 4 - 2 英语国家语料库界面

俄语国家语料库始建于 2003 年，收录了 3 亿多词汇语料，是目前世界上最大的俄语语料库，其收录的语料非常具有代表性。访问网址为 http：//www. ruscorpora. ru。界面如图 4 - 3 所示。

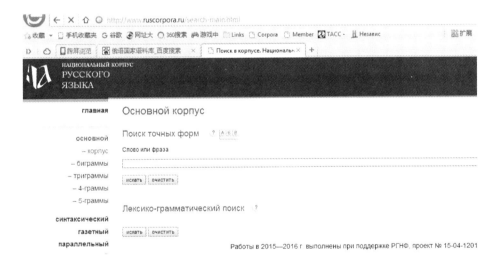

图 4 - 3 俄语国家语料库界面

蒙古语国家语料库是目前唯一可用的在线西里尔蒙古语语料库。拥有 116 万词。访问网址为 http：//www. web - corpora. net/MongolianCorpus/search/。界面如图 4 - 4 所示。

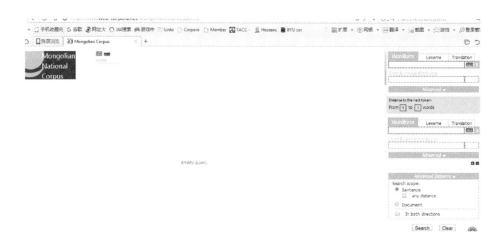

图 4-4　蒙古语国家语料库界面

现代日语均衡书面语语料库（KOTONOHA 少纳言）由日本国立国语研究所研发，收录了包括书籍、报纸、杂志、教科书以及国会回忆录、法律等 11 种来源的约 1.5 亿词。访问网址为 http：//www. kotonoha. gr. jp/shonagon/。界面如图 4-5 所示。

图 4-5　现代日语均衡书面语语料库界面

3. 检索方法

为了清晰反映文化词汇在五个语料库中的情况，研究人员设计了数据统计表，如图 4－6 所示。

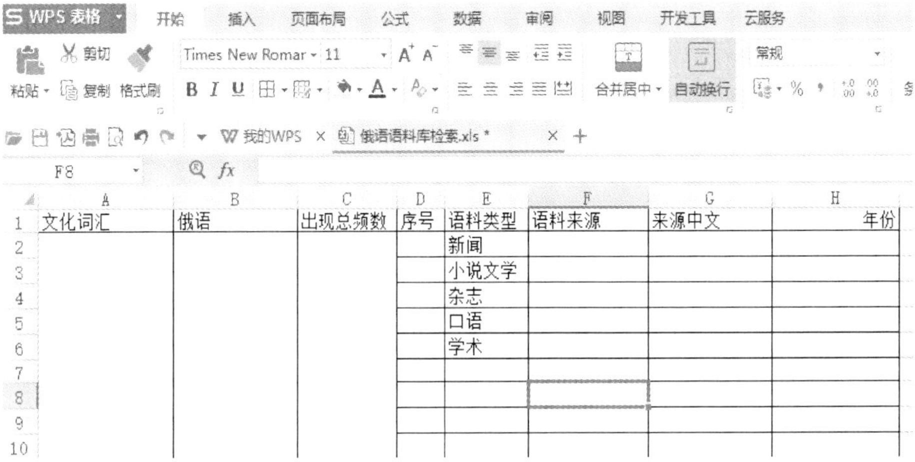

文化词汇	俄语	出现总频数	序号	语料类型	语料来源	来源中文	年份
				新闻			
				小说文学			
				杂志			
				口语			
				学术			

图 4－6　数据统计表设计图

该表对每一个文化词汇的英、俄、蒙、日语译文在对应语料库中出现的总频数进行统计。同时逐条记录语料库中出现的该词汇所在语料的类型、来源和语料年份。分别在五个语料库中检索对应的文化词汇译文，对检索结果进行统计分析。

（二）结果分析

1. 内蒙古文化词汇在美国当代英语语料库中的检索情况

内蒙古文化词汇在美国当代英语语料库中的检索情况如表 4－2 所示。

表4-2 内蒙古文化词汇在美国当代英语语料库中的检索情况

汉语	英语	总频数	新闻类频数	文学类频数	杂志类频数	学术类频数
内蒙古	Inner Mongolia	102	30	14	26	27
呼和浩特	Hohhot	12	7	1	3	1
鄂尔多斯	Ordos	32	11	0	4	17
锡林郭勒	Xilingol	0	0	0	0	0
呼伦贝尔	Hulun Buir	1	1	0	0	0
成吉思汗	Genghis Khan/ Chinggis Khan	251	48	52	125	21
敖包	Aobao/obo	28	4	9	5	9
马头琴	Morin Khuur/ Horsehead fiddle	4	1	3	0	0
江格尔	Jangar	0	0	0	0	0
蒙古摔跤 （博克）	Mongolian Wrestling/Boke	2	0	0	2	0
那达慕	Naadam	10	0	7	0	3
呼麦	Khoomei/Hoomei/ Throat singing	22	13	1	6	2
鄂伦春	Oroqen	1	0	0	0	1
鄂温克	Evenki	1	0	0	0	1
红山玉龙	Hongshan Jade Dragon	0	0	0	0	0

检索结果显示，内蒙古文化在当代美国的传播非常有限。在选取的十五个文化词汇中，内蒙古特有的"红山玉龙"和"锡林郭勒"这两个词汇检索结果为0；"呼伦贝尔""鄂伦春"和"鄂温克"只有1个检索结果。

检索结果中数量最多的是"成吉思汗"，出现频数为251次，其中新闻类语料48次，文学类语料52次，杂志类语料125次，学术类语料21次。根据研究人员分析，"成吉思汗"出现频数较多的原因主要有两个：第一，成吉思汗对世界历史，尤其对欧洲历史的影响巨大，因此世界闻名；第二，不论在内蒙古还是在蒙古国，成吉思汗是蒙古族共同的英雄，因此从语料中无法区分是关于内蒙古还是关于蒙古国的内容。

"内蒙古"的检索结果为 102 次。其中新闻类语料 30 次，文学类语料 14 次，杂志类语料 26 次，学术类语料 27 次。同为自治区的西藏出现频数为 1870 次，新疆 270 次，广西 71 次，宁夏 18 次。从这个检索结果可以看出，西方媒体对西藏和新疆给予的关注度远远高于其他民族自治区，主要原因是这两个地区在历史上存在民族分裂问题。内蒙古虽然相对西藏与新疆较为稳定，但也受到了美国媒体的关注。

与"内蒙古"相比，"呼和浩特"作为内蒙古自治区的首府，却没有受到足够的关注，出现频数仅为 12 次。而地级市"鄂尔多斯"的频数相比"呼和浩特"却高出一倍多，为 32 次。主要原因是"鄂尔多斯"通过羊绒衫品牌走向世界而在国际上获得了一定的知名度。由此可见，地方产业品牌也可以带动文化对外传播。

"敖包"和"那达慕"是具有蒙古族特色的事物，被视为内蒙古的地方名片。在 COCA 中的出现频数分别为 28 次和 10 次。然而，需要注意的是，这两个事物虽然是蒙古族特色，但并非内蒙古独有，毗邻的蒙古国也举办那达慕，草原上也有敖包。

"马头琴""呼麦"和"蒙古摔跤（博克）"是蒙古族的传统艺术和体育象征物。除了"呼麦"出现频数较多（22 次），"马头琴"和"蒙古摔跤（博克）"仅出现了 4 次和 2 次。

综上所述，在内蒙古文化中，与蒙古国共同拥有的事物具有一定的传播，而内蒙古独有的事物传播严重不足，甚至是空白。从而可以看出，内蒙古文化在当代美国的传播非常有限，美国媒体对内蒙古的关注度远远不够，并且与我们所期望的方向严重偏离。

2. 内蒙古文化词汇在英国国家语料库中的检索情况

内蒙古文化词汇在英国国家语料库中的检索情况如表4-3所示。

表4-3 内蒙古文化词汇在英国国家语料库中的检索情况

汉语	英语	总频数	新闻类频数	文学类频数	杂志类频数	学术类频数
内蒙古	Inner Mongolia	13	9	0	2	2
呼和浩特	Hohhot	1	0	0	1	0
鄂尔多斯	Ordos	1	1	0	0	0
锡林郭勒	Xilingol	0	0	0	0	0
呼伦贝尔	Hulun Buir	1	0	0	1	0
成吉思汗	Genghis Khan/ Chinggis Khan	21	3	12	4	2
敖包	Aobao	0	0	0	0	0
马头琴	Morin Khuur/ Horsehead fiddle	0	0	0	0	0
蒙古摔跤（博克）	Mongolian Wrestling	0	0	0	0	0
江格尔	Jangar	0	0	0	0	0
那达慕	Naadam	0	0	0	0	0
呼麦	Hoomei/ Throat singing	0	0	0	0	0
鄂伦春	Oroqen	0	0	0	0	0
鄂温克	Evenki	0	0	0	0	0
红山玉龙	Hongshan Jade Dragon/First Dragon at Hongshan Eron	0	0	0	0	0

由于英国国家语料库的规模远远小于美国当代英语语料库，故检索到的内蒙古文化词汇也相对稀少。

检索结果显示，仅有"成吉思汗"（21次）、"内蒙古"（13次）、"呼和浩特"（1次）、"鄂尔多斯"（1次）和"呼伦贝尔"（1次）这五个词出现，其他词汇的检索结果均为0。由此可见，不仅是内蒙古文化，整个蒙古民族在英国受到的关注度都很低。

3. 内蒙古文化词汇在俄罗斯国家语料库中的检索情况

内蒙古文化词汇在俄罗斯国家语料库中的检索情况如表4-4所示。

表4-4 内蒙古文化词汇在俄罗斯国家语料库中的检索情况

汉语	俄语	总频数	新闻类频数	文学类频数	杂志类频数	学术类频数
内蒙古	Внутренняя Монголия	12	4	1	5	2
呼和浩特	Хух - Хото	0	0	0	0	0
鄂尔多斯	Ордос	20	8	0	1	11
锡林郭勒	Шилин - Гол	0	0	0	0	0
呼伦贝尔	Хулун - Буир	0	0	0	0	0
成吉思汗	Чингис - хан	132	3	68	43	18
敖包	обо	0	0	0	0	0
马头琴	моринхур	0	0	0	0	0
蒙古包	юрта	2	0	0	0	2
江格尔	Джангар	0	0	0	2	0
蒙古摔跤（博克）	крепкое темное пиво	0	0	0	0	0
那达慕	надом	2	1	0	1	0
呼麦	хоомей	1	0	0	1	0
鄂伦春	Орочон	0	0	0	0	0
鄂温克	Эвенки	0	0	0	0	0
红山玉龙	тёмно - зелёная яшмовая статуэтка дракона	0	0	0	0	0

俄罗斯国家语料库（3亿词级）的规模虽然不及美国当代英语语料库（5亿词级），但它是目前世界上规模最大的俄语语料库。检索结果显示，内蒙古文化在俄罗斯的传播也严重不足。

检索结果中，出现数量最多的仍然是"成吉思汗"，出现频数为132次，其中新闻类语料仅有3次；文学类语料数量最多，为68次；杂志类语料为43次；学术类语料为18次。

除"成吉思汗"外，"内蒙古""鄂尔多斯"的出现频数最多，"内蒙古"出现12次，"鄂尔多斯"出现20次。作为内蒙古首府的"呼和浩特"与内蒙古的其他地名"呼伦贝尔"和"锡林郭勒"都没有检索到。这说明，虽然内蒙古与俄罗斯接壤，并且有陆路通商口岸，但内蒙古各地在俄罗斯的关注度并不高。

其他内蒙古文化词汇中，仅"蒙古包""那达慕"和"呼麦"有1~2个检索结果，其余都为0。

4. 内蒙古文化词汇在蒙古国国家语料库中的检索情况

内蒙古文化词汇在蒙古国国家语料库中的检索情况如表4-5所示。

表4-5　内蒙古文化词汇在蒙古国国家语料库中的检索情况

汉语	蒙古语	总频数	新闻类频数	文学类频数	杂志类频数	学术类频数
内蒙古	Өвөр Монгол	23	15	0	5	3
呼和浩特	Хөх хот	0	0	0	0	0
鄂尔多斯	Ордос	2	0	0	2	0
锡林郭勒	Шилийн гол	0	0	0	0	0
呼伦贝尔	хөлөнбуйр	0	0	0	0	0
成吉思汗	Чингис хаан	421	14	256	68	83
敖包	овоо	42	8	12	22	0
马头琴	морин хуур	11	0	6	5	0

续表

汉语	蒙古语	总频数	新闻类频数	文学类频数	杂志类频数	学术类频数
江格尔	жангар	4	0	0	4	0
蒙古摔跤（博克）	БθХ	154	89	23	38	4
那达慕	Наадам	78	28	16	34	0
呼麦	Хθθмий	2	0	0	2	0
鄂伦春	И Lunchun	0	0	0	0	0
鄂温克	Evenki	0	0	0	0	0
红山玉龙	Hongshan хаш луу	0	0	0	0	0

检索结果显示，内蒙古和蒙古国的蒙古族共同拥有的事物在蒙古国国家语料库中出现的频率较高，但是内蒙古特有的事物则几乎检索不到。这说明，内蒙古文化即便在地理位置毗邻并且具有相同的历史渊源和语言的蒙古国也没有受到足够的关注。

在蒙古国国家语料库中，"成吉思汗"的检索结果远远高于其他词汇，共计421次，其中文学类语料频数最高，共有256次。学术类语料也比较多，共有83次。

蒙古族传统体育项目"蒙古摔跤（博克）"出现频数也较高，共计154次。其中新闻类语料所占比重最高，频数为89次。这与这项运动在蒙古国的受欢迎程度密切相关。

其他内蒙古与蒙古国共有的事物在该语料库中都有不同的出现频数，如"那达慕"78次，"敖包"42次，"马头琴"11次，"江格尔"4次，"呼麦"2次。但是，内蒙古特有的事物，如内蒙古首府城市"呼和浩特"，地级城市"锡林郭勒"和"呼伦贝尔"，三少民族"鄂伦春"和"鄂温克"，以及"红山玉龙"都没有检索到。城市名称中，只有"鄂尔多斯"检索到2个结果，都是关于鄂尔多斯煤矿的消息。"内蒙古"在该语料库中也仅出现了23次。

作为拥有3000多千米共同边境线、10个陆路口岸的毗邻地区，内蒙古受到蒙古国媒体和出版机构的关注度远远不够。

5. 内蒙古文化词汇在现代日语均衡书面语语料库（KOTONOHA 少纳言）中的检索情况

内蒙古文化词汇在现代日语均衡书面语语料库（KOTONOHA 少纳言）中的检索情况如表4-6所示。

表4-6 内蒙古文化词汇在现代日语均衡书面语语料库
（KOTONOHA 少纳言）中的检索情况

汉语	日语	总频数	新闻类频数	文学类频数	杂志类频数	学术类频数
内蒙古	内モンゴル	56	32	0	6	18
呼和浩特	フフホト	1	1	0	0	0
鄂尔多斯	オルドス	17	11	0	2	4
锡林郭勒	シリンゴル	1	1	0	0	0
呼伦贝尔	フルンボイル	0	0	0	0	0
成吉思汗	チンギス・カン	34	0	6	16	12
敖包	オボー	12	0	0	12	0
马头琴	馬頭琴/モリンホール	0	0	0	0	0
江格尔	江格尔	0	0	0	0	0
蒙古摔跤（博克）	ブログ	0	0	0	0	0
那达慕	ナーダム祭り	0	0	0	0	0
呼麦	喉歌	0	0	0	0	0
鄂伦春	オロチョン族	0	0	0	0	0
鄂温克	エヴェキ族	0	0	0	0	0
红山玉龙	紅山文化の玉龍	0	0	0	0	0

与其他语料库中"成吉思汗"出现频数占绝对优势的情况不同，现代日语均衡书面语语料库（KOTONOHA 少纳言）中，"内蒙古"的出现频数排在

了第一位，但数量并不多，仅有 56 次，其中新闻类 32 次，学术类 18 次，杂志类 6 次。

"成吉思汗"位列第二，有 34 次。值得一提的是，内蒙古自治区的城市名中，"鄂尔多斯"出现频数高达 17 次，以煤炭和羊绒衫的相关内容为主；而作为内蒙古自治区的首府，"呼和浩特"仅仅检索到 1 条语料。其他城市中，"锡林郭勒" 1 条，"呼伦贝尔"为 0 条。

其他蒙古族文化代表性事物中，只有"敖包"检索到 12 条语料，其他全部为 0。这说明不仅仅是内蒙古文化，整个蒙古民族文化在日本受到的关注度都不高。

二、基于主流媒体的内蒙古形象国际传播现状调查

各国主流媒体在很大程度上左右着该国人民的意识形态和对事物的印象，因此，考察英、美、俄、蒙、日五国主流媒体关于内蒙古的报道，可以客观地反映内蒙古形象在该国的传播状况。

（一）研究设计

1. 新闻媒体的选择

选择的对象是英、美、俄、蒙、日五国发行量最大的三家报纸官方网站中关于内蒙古的报道。在互联网普及的今天，研究人员可以通过报纸官方网站方便地检索到特定年份的相关报道。本书分别选择了在这五个国家发行量和影响力最大的三家报纸，包括英国的《每日邮报》《每日镜报》和《泰晤士报》，美国的《纽约时报》《华盛顿日报》和《洛杉矶时报》，俄罗斯的《独立报》《俄罗斯报》和俄罗斯最大的通讯社——俄通社—塔斯社，蒙古国的《蒙古国

日报》《突发新闻》和 "OLLOO"，以及日本的《朝日新闻》《读卖新闻》和《每日新闻》。这些报纸在该国发行量大，影响力广泛。在这十五家报纸官方网站分别用 "内蒙古" 的英文、俄文、蒙古文和日文译文进行检索，剔除无关报道后进行统计分析。

2. 检索方法

本书使用报纸官网内提供的搜索框进行信息检索，设定日期为 2012 年 8 月 10 日至 2017 年 8 月 10 日，检索结果按照相关性排序。

为了便于统计，研究人员设计了用于数据采集和统计的 WPS 表格，如图 4－7 所示。其中报道类型中提供了政治、经济、文化等 8 个方面可选项下拉菜单；报道立场提供了正面、负面和中立三个可选项。

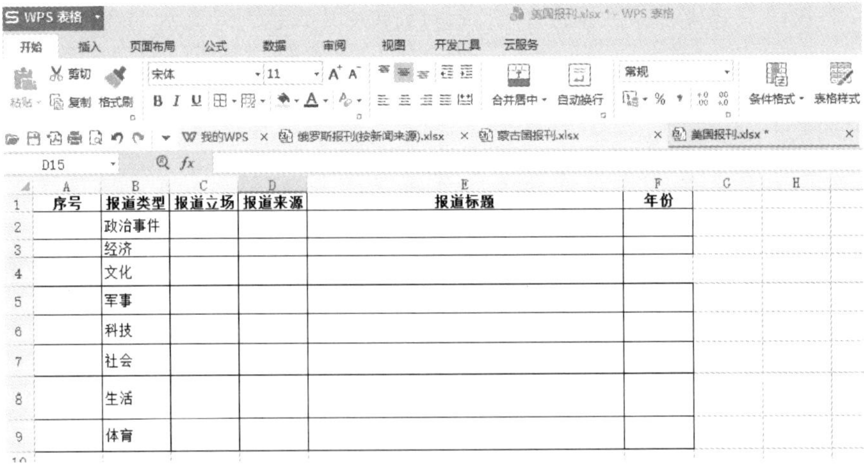

图 4－7　报道类型项目

为了获得这十五家报纸的完整阅读权限，研究人员进行了会员注册。之后，分别由通晓英语、俄语、蒙古语和日语的研究人员对这十五家报纸官网进行检索。检索的关键词分别为"内蒙古"对应的英语、俄语、蒙古语和日语译文，如表4-7所示。

表4-7　检索关键词

汉语	英语	俄语	蒙古语	日语
内蒙古	Inner Mongolia	Внутренняя Монголия	Ѳвѳр Монгол	内モンゴル

剔除不相关报道后，对2012年8月10日至2017年8月10日关于内蒙古的报道进行统计。每个国家选取三家报纸合并统计总体数量。为了保证对报道性质和立场态度的准确性，研究人员对所有语种的报道逐条合议，确保统一判断标准。

（二）结果分析

1. 内蒙古形象在美国主流媒体中的传播

美国最大的三家主流媒体《纽约时报》《华盛顿日报》和《洛杉矶时报》近五年对内蒙古的报道情况如表4-8所示。

表4-8　美国主流媒体"内蒙古"相关报道统计结果　　　　单位：条

报道特征		数量
报道总量（2012年8月10日至2017年8月10日）		66
报道类型	政治	5
	经济	12
	文化	15
	军事	12
	社会生活	17
	科技	1
	体育	0
	生态环境	4

续表

报道特征		数量
态度立场	正面	11
	负面	38
	中立	17

近五年，美国三家主流媒体与内蒙古相关的报道共计 66 条，平均每年 13 条左右。其中关注度最高的是社会生活类消息，其次是文化、经济和军事类消息。政治类消息为 5 条，这主要是由于内蒙古作为中国的一个省区，政治局势非常稳定，因此并没有太多引起外媒关注的消息。生态环境方面也具有一定的关注度，主要原因是内蒙古距离中国首都北京非常近，报道中也与沙尘、雾霾等关系到北京空气质量的事件相关。

从报道的内容看，内蒙古的某些特定事件的发生会引起美国媒体的特别关注。如 2015 年包卓轩偷渡案件在美国媒体中被集中报道，共计有 5 条；呼和吉勒图案件也引起了外媒关注，有 4 条相关报道。这些案件的报道全部指向内蒙古的人权问题，引导了美国民众对内蒙古人权问题的态度。

此外，中国的军事力量也是美国媒体关注的问题，7 月 30 日内蒙古朱日和军演也被美国媒体集中报道，三家媒体共计 12 条报道。

同时需要指出的是，内蒙古自治区成立 70 年大庆这样的重大事件并没有得到美国媒体关注，仅仅在《纽约时报》上有一条采自英国路透社的题为"China Marks 70 Years of Inner Mongolia's Founding, Activist Complains of Curbs"（中国庆祝内蒙古成立 70 年，活动家声称受到阻碍）的负面报道。并没有像国内媒体那样报道内蒙古成立 70 年来取得的成就，反而重点报道了所谓的"活动人士"受到限制。

总体统计数据显示，美国主流媒体关于内蒙古的报道中负面报道居多，超过了一半，占到 57.6% ；正面报道仅占 16.7% ；中立报道占 25.8% 。正面报道中以经济类消息为主，中立报道中以文化类消息为主，尤其是电影《狼图腾》参选奥斯卡奖的消息受到了较大关注。负面报道中，以政治、军事和社会问题类的消息为主。对内蒙古人权及法制问题的抨击、对我国军事力量的"威胁论"的宣扬都会导致美国民众对内蒙古持有否定的态度。

2. 内蒙古形象在英国主流媒体中的传播

近五年英国三家主流媒体《每日邮报》《每日镜报》和《泰晤士报》与内蒙古相关的报道统计如表 4 - 9 所示。

表 4 - 9 英国主流媒体"内蒙古"相关报道统计结果   单位：条

报道特征		数量
报道总量（2012 年 8 月 10 日至 2017 年 8 月 10 日）		98
报道类型	政治	1
	经济	10
	文化	9
	军事	3
	社会生活	61
	科技	10
	体育	1
	生态环境	3
态度立场	正面	29
	负面	51
	中立	18

近五年，英国三家主流媒体官方网站与"内蒙古"相关的报道有 98 条。其中，正面报道 29 条，占 29.6% ；负面报道 51 条，占 52% ；中立报道 18 条，占 18.4% 。与美国相比，英国主流媒体关于内蒙古的负面报道占比低约

5.6 个百分点，而正面报道却高出约 13 个百分点。

社会生活类新闻同样是英国主流媒体关注的主要内容，但报道题材更加多样化，关注内容更加广泛。尽管像呼格吉勒图案这样的新闻也吸引了一定的关注，但并没有媒体特别显著地集中报道。社会生活方面的报道更加接近百姓生活，范围涉及交通、住房、事故、法制等，没有特别指向人权或者社会问题。

经济类报道有正面报道政府经济举措的，也有披露经济泡沫现象的，如关于鄂尔多斯"鬼城"的报道就有 4 条。

军事方面，中国人民解放军 2017 年在内蒙古朱日和进行的军演在这三家主流媒体中仅有三次报道，数量远低于美国主流媒体。当然，关于内蒙古自治区 70 年大庆，英国主流媒体和路透社一样，重点指向了"活动家"受限问题。

令人感到欣慰的是，英国主流媒体对内蒙古在考古和航天领域的科学成就表现出较多关注，总计有 10 条相关报道。

3. 内蒙古形象在俄罗斯主流媒体中的传播

俄罗斯主流媒体官方网站关于内蒙古的报道统计结果如表 4 - 10 所示。

表 4 - 10　俄罗斯主流媒体"内蒙古"相关报道统计结果　　单位：条

报道特征		数量
报道总量（2012 年 8 月 10 日至 2017 年 8 月 10 日）		92
报道类型	政治	8
	经济	20
	文化	12
	军事	6
	社会生活	32
	科技	13
	体育	0
	生态环境	2

续表

报道特征		数量
态度立场	正面	41
	负面	31
	中立	20

在俄罗斯三家主流媒体网站共检索到近五年与内蒙古相关的报道 92 条，其中正面报道 41 条，占比 44.6%；负面报道 31 条，占比 33.7%，中立报道 20 条，占比 21.7%。整体来看，俄罗斯媒体与英美媒体相比，针对内蒙古的正面与负面报道比例悬殊较小，且正面报道占比超过负面报道。由此可见，内蒙古形象在俄罗斯的传播状况比较乐观。

在检索到的近五年的 92 条与内蒙古相关的报道中，关注度最高的同样是社会生活问题，内容集中于自然与人为灾害和社会犯罪方面的消息，多为负面报道，没有特别指向民族矛盾和法制问题。

其次受到关注的是经济方面的消息，几乎全部为正面消息。20 条消息中，共有 8 条消息是与中俄经济往来相关，如"赤塔至中国城市满洲里定期航班将于夏季开通""中国投资者有望建设通往谢尔托洛夫的轻轨""后贝加尔政府：俄罗斯和中国的转型发展有利于开通'丝绸之路'横跨西伯利亚线路""继普京为习近平赠礼后俄罗斯冰激凌在中国需求大增"等。这表明俄罗斯媒体对中俄经济与贸易合作普遍持乐观态度。

文化方面的消息共有 12 条，其中 2 条是关于电影《狼图腾》的报道，1 条报道了"台湾人侯孝贤荣获第 68 届戛纳电影节最佳导演奖"，其余消息均关注内蒙古与俄罗斯的文化交往，如"卡尔·马克思青年说唱风靡中国""叶卡捷琳堡博览会现荒谬招牌遭网友热议""《内蒙古霍煤车轮制造有限公司》搞笑翻译传遍俄社交网站""中国首次允许东正教徒出家为僧"等。

科技方面消息检索到 13 条，同样主要关注神舟飞船在内蒙古着陆和考古方面的发现。

政治问题 8 条，主要集中于政府整治腐败的消息，虽然是负面报道，但对提升内蒙古政府形象却有一定的积极意义。其他政治方面的消息集中于中国外交和中俄高层外交，均为正面消息。这表明俄罗斯媒体对中国以及内蒙古政府持较为肯定的态度。

军事方面的消息 6 条，主要关注中国军演以及中俄反恐合作方面的消息。在军事方面的报道中，没有显示所谓"中国威胁"的态度倾向。

4. 内蒙古形象在蒙古国主流媒体中的传播

蒙古国主流媒体关于内蒙古的报道检索结果统计如表 4 – 11 所示。

表 4 – 11　蒙古国主流媒体"内蒙古"相关报道统计结果　　　单位：条

报道特征		数量
报道总量（2012 年 8 月 10 日至 2017 年 8 月 10 日）		71
报道类型	政治	8
	经济	16
	文化	12
	军事	2
	社会生活	30
	科技	0
	体育	4
	生态环境	0
态度立场	正面	50
	负面	13
	中立	8

内蒙古与蒙古国接壤，陆路口岸与航空口岸常年开放，往来频繁。内蒙古拥有 400 万左右的蒙古族人，与蒙古国的蒙古族具有相同的历史渊源，且语言

相通。总体上来说，蒙古国的媒体关于内蒙古的报道正面消息居多，在检索到的 71 条信息中，正面信息 50 条，占总数的 70.4%；负面信息 13 条，占总数的 26%；中立信息 8 条，占总数的 11.6%。值得注意的是，在 71 条信息中，有 51 条是关于内蒙古与蒙古国的经济、文化、体育、医疗、救助等方面往来的信息，由此可见，蒙古国的主流媒体非常关注与内蒙古的交往。

蒙古国媒体针对内蒙古的报道中，关注度最高的是社会生活类消息，共检索到 30 条，其中多数是正面消息，如"内蒙古人民为蒙古国小孩筹备了 640 万元""内蒙古女孩援助蒙古贫困小孩衣服""蒙古国记者代表访问内蒙古"等，仅有少量负面报道，如"谋害蒙古国妇女的犯人在二连被抓""一家 14 口人在'呼和浩特'餐厅吃饭食物中毒""蒙古族妇女在内蒙古监狱受折磨"等。

其次受到关注的是经济类消息，共检索到 16 条，几乎全部为正面消息，并且全部关于内蒙古与蒙古国的经济合作与往来，例如"乌兰巴托、呼和浩特的合作升级到新阶段""'游牧 70'能促进运营商销售，提供新的机会""乌兰巴托、二连扩大旅游合作""内蒙古 200 余商人去蒙古国"等。仅有一条负面消息"由于二连工厂停工导致水泥价格上涨"。

两国的文化交流也备受蒙古国媒体关注，共检索到 12 条相关信息。如"内蒙古著名演员巴森扎布参加了蒙古国'蒙古族 100 强'""与内蒙古艺术家一起参加画廊"等。

政治方面的消息检索到 8 条，主要关注两国高层间的交流。如"中蒙议会团成员会见了内蒙古自治区代表""中蒙联合采访团在察哈尔访问""内蒙古自治区代表赠送十辆警车""Y. XYRELSUH 与民政部部长会面"等。

体育方面的消息 4 条，主要关于内蒙古与蒙古国在足球和博克方面的交流。

5. 内蒙古形象在日本主流媒体中的传播

日本主流媒体关于内蒙古的报道统计结果如表4－12所示。

表4－12 日本主流媒体"内蒙古"相关报道统计结果   单位：条

报道特征		数量
报道总量（2012年8月10日至2017年8月10日）		21
报道类型	政治	1
	经济	3
	文化	0
	军事	8
	社会生活	8
	科技	1
	体育	0
	生态环境	1
态度立场	正面	4
	负面	15
	中立	2

从以上检索统计结果可以看出，日本主流媒体对内蒙古的关注度非常低，近五年三家主流媒体只检索到21条与内蒙古相关的报道。其中正面报道仅仅4条，占19.1%；负面报道15条，占71.4%；中立报道2条，占9.5%。

日本主流媒体关注内蒙古的一个显著特点是对中国军事方面消息的关注，共检索到8条，占总量的36.4%。仅2017年7月30日内蒙古朱日和军演的消息就有7条，并且具有明显的"中国威胁论"态度倾向，可见日本对中国军事力量的发展非常关注。

社会生活方面的消息同样检索到8条，多数与安全事故和犯罪相关。经济方面消息有3条，政治方面消息有1条。

总体来看，日本对作为中国一个省区的内蒙古并不关注。

三、内蒙古形象在网络世界的国际传播现状调查

在互联网普及的今天，人们对互联网的依赖程度也越来越高。在互联网发布信息的主体具有自由和多样性的特点。人们获取信息更加便捷，同时获取的信息态度取向也更加多元。本书选用了英语、俄语、日语和蒙古语使用者最常用的搜索引擎进行信息检索，力图了解网络世界中内蒙古形象的国际传播状况。

（一）研究设计

1. 搜索引擎的选择

人们在互联网上了解某一方面的信息时，通常需要借助搜索引擎对关键词进行检索。本书选用了英语、俄语、蒙古语和日语使用者最常用的互联网搜索引擎进行信息检索。通过调查，研究人员分别选用了英语国家最广泛使用的搜索引擎 google. com，俄罗斯最常用的搜索引擎 yandex. ru，蒙古国最常用的搜索引擎 google. mn，以及日本最常用搜索引擎 yahoo. jp 进行信息检索。

2. 检索方法

为了便于数据统计，研究人员设计了用于数据采集的统计表，如图 4 - 8 所示。

该表将收录每一条检索结果五方面的信息。第一是类型，共提供了经济、政治、解释介绍等 11 个选项；第二是信息发布主体性质，包含外国媒体、外国机构、中国媒体、中国机构和个人 5 个选项；第三是发布主体名称；第四是消息的态度立场；第五是发布结果的标题。

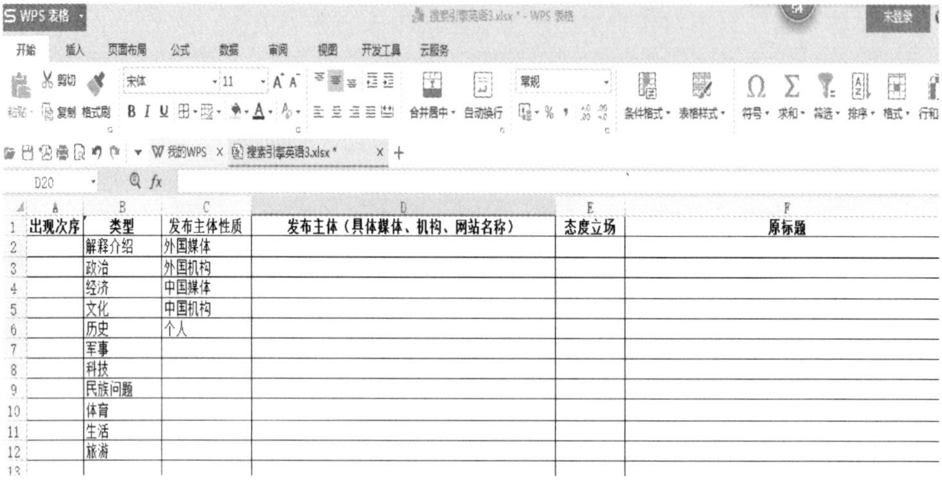

出现次序	类型	发布主体性质	发布主体（具体媒体、机构、网站名称）	态度立场	原标题
	解释介绍	外国媒体			
	政治	外国机构			
	经济	中国媒体			
	文化	中国机构			
	历史	个人			
	军事				
	科技				
	民族问题				
	体育				
	生活				
	旅游				

图 4－8　数据统计表设计图

在互联网上使用英语、俄语、蒙古语、日语在各自最常用的搜索引擎检索关键词“内蒙古”对应的英语、俄语、蒙古语和日语译文，检索结果剔除具有明显广告标志的信息，对前 10 页的所有检索项进行统计。由于互联网搜索引擎的检索结果每天都会有变化，为了保证研究的有效性，所有语种的检索工作同步进行，最大限度地摒除某一特定事件对检索结果的影响。将检索结果逐条录入表格。

（二）结果分析

1. 内蒙古形象在英语网络世界的传播状况

在 google. com 用内蒙古的英文译文“Inner Mongolia”作为关键词进行搜索，搜索结果统计如表 4－13 所示。

表 4 – 13　google. com 搜索结果统计表

发布信息特征		数量（条）	百分比（%）
有效条目		84	—
发布主体性质	外国媒体	17	20. 2
	外国机构	15	17. 9
	中国媒体	11	13. 1
	中国机构	37	44. 0
	个人	4	4. 8
信息类型 （按数量顺序）	旅游	24	28. 6
	经济	16	19. 0
	解释介绍	8	9. 5
	政治	8	9. 5
	教育	7	8. 3
	生活	7	8. 3
	文化	7	8. 3
	科技	3	3. 6
	历史	2	2. 4
	民族问题	1	1. 2
	体育	1	1. 2
	军事	0	0
态度立场	正面	48	57. 1
	负面	19	22. 6
	中立	17	20. 2

在 google. com 进行检索，每页 10 条检索结果，10 页共计 100 条，剔除广告和重复信息后剩余有效信息 84 条。

从发布主体性质来看，中国机构发布的信息最多，共计 37 条，占比 44%；其次是外国媒体，共计 17 条，占比 20. 2%；外国机构发布信息 15 条，占比 17. 9%；中国媒体发布信息 11 条，占比 13. 1%；个人发布信息 4 条，占比 4. 8%。由此可见，英语网络世界中，关于内蒙古的消息发布以中国机构为主。经过研究人员进一步分析，这些中国机构以中国旅游企业为主，另外还有羊绒衫、马铃薯等企业，这些消息以正面态度为主，对宣传内蒙古的正面形象起到了积极的作用。

外国媒体和外国机构关于内蒙古的消息发布也占有一定比重，主要关注内蒙古生态环境和蒙古族的生存生活问题，持有比较明显的否定态度倾向。如"在中国内蒙古，发掘传统牧民的不幸""探究内蒙古的痛苦的过去""内蒙古已经被民族问题所包围""内蒙古：煤的天堂，水的地狱""内蒙古的沙尘暴"等。

英语网络世界中搜索到的关于内蒙古的消息中，正面消息 48 条，占比 57.1%；负面消息 19 条，占比 22.6%；中立消息 17 条，占比 20.2%。正面消息占比远远高于负面消息，这与中国机构在英语网络世界发布消息密切相关。

2. 内蒙古形象在俄语网络世界的传播状况

在 yandex. ru 用内蒙古的俄文译文"Внутренняя Монголия"作为关键词进行搜索，搜索结果统计如表 4 - 14 所示。

表 4 - 14   yandex. ru 搜索结果统计表

发布信息特征		数量（条）	百分比（%）
有效条目		97	—
发布主体性质	外国媒体	0	0
	外国机构	61	62.9
	中国媒体	1	1.0
	中国机构	22	22.7
	个人	13	13.4

续表

发布信息特征		数量（条）	百分比（%）
信息类型（按数量顺序）	旅游	36	37.1
	解释介绍	31	32.0
	历史	20	20.6
	文化	9	9.3
	政治	3	3.1
	科技	2	2.1
	经济	2	2.1
	教育	1	1.0
	生活	1	1.0
	体育	0	0
	军事	0	0
	民族问题	0	0
态度立场	正面	17	17.5
	负面	2	2.1
	中立	78	80.4

在 yandex.ru 进行检索，每页 10 条检索结果，10 页共计 100 条，剔除广告和重复信息后剩余有效信息 97 条。

搜索到的 97 条信息中，外国机构发布信息数量最多，共计 61 条，占比 62.9%，这些机构主要是提供百科知识和旅游信息的机构，如维基百科、yandex 百科、世界地理历史、阿尔泰信息网等；其次是中国机构发布信息 22 条，占比 22.7%，发布主体主要是中国旅游企业；中国媒体发布信息仅有 1 条，占比 1.0%；外国媒体发布信息为 0 条，占比 0；个人发布信息 13 条，占比 13.4%，以个人博客、游记为主。

所有检索结果中，旅游类信息数量最多，共计 36 条，占比 37.1%；解释介绍类信息数量也比较多，共计 31 条，占比 32.0%。这两类信息的发布主体主要是外国机构和中国机构，其中有旅游企业，也有百科知识提供机构。其次是历史类信息（20 条）和文化类信息（9 条）。

总体来看，yandex. ru 检索到的"内蒙古"相关信息前 10 页以知识类信息为主，因此中立态度信息占比最高，占检索结果总量的 80.4%。正面信息 17 条，负面信息仅有 2 条。由此可见，俄罗斯民众通过搜索引擎获得的内蒙古相关信息相对较为客观。

3. 内蒙古形象在西里尔蒙古语网络世界的传播状况

在 google. mn 用内蒙古的西里尔蒙文译文"θ вθр Монгол"作为关键词进行搜索，搜索结果统计如表 4 - 15 所示。

表 4 - 15　google. mn 搜索结果统计表

发布信息特征		数量（条）	百分比（%）
有效条目		100	—
发布主体性质	外国媒体	41	41
	外国机构	49	49
	中国媒体	2	2
	中国机构	3	3
	个人	5	5
信息类型 （按数量顺序）	政治	29	29
	教育	26	26
	经济	15	15
	生活	11	11
	解释介绍	9	9
	文化	6	6
	旅游	5	5
	体育	4	4
	军事	3	3
	科技	2	2

续表

发布信息特征		数量（条）	百分比（%）
信息类型 （按数量顺序）	民族问题	1	1
	历史	1	1
态度立场	正面	76	76
	负面	7	7
	中立	17	17

在 google. mn 进行检索，每页 10 条检索结果，10 页共计 100 条，其中并没有广告和重复信息，因此有效信息 100 条。

搜索到的 100 条信息中，外国机构发布的信息最多，共计 49 条，占比 49%，这些机构包含部分政府机构，如 bayankhongor. gov、mncttf. gov、mcud. gov 等。其次是外国媒体，主要是蒙古国媒体发布的新闻，共计 41 条，占比 41%；中国媒体和中国机构发布的信息非常少，分别为 2 条和 3 条；个人发布信息共计 5 条。

100 条搜索结果中，正面信息 76 条，占比最高，负面信息仅有 7 条，中立信息 17 条。值得注意的是，检索到的结果中，关于内蒙古与蒙古国政治、经济、教育和文化交流方面的消息占了很大比重，共有 59 条，占总量的 59%，并且全部为正面信息，例如"内蒙古新巴尔虎左旗代表访问蒙古国""牧民访问内蒙古锡林郭勒盟并交流经验""内蒙古副主席对蒙古国进行工作访问""内蒙古自治区资助 100 名蒙古国学生在内蒙古上学"等。少量的负面信息主要披露犯罪问题。

检索结果中政治方面的信息最多，共计 29 条，多数是关于内蒙古与蒙古国政府互访方面的信息，少量关于内蒙古政府惩治腐败方面的信息。其次是教育类信息，共计 26 条，这表明近几年内蒙古与蒙古国教育方面的合作与交流受到了关注；经济方面的信息 15 条，生活方面的信息 11 条。

从检索结果可以看出，蒙古国民众通过 google. mn 检索到关于内蒙古的信息有利于内蒙古正面形象的建立。

4. 内蒙古形象在日语网络世界的传播状况

在 yahoo. jp 用内蒙古的日文译文"内モンゴル"作为关键词进行搜索，搜索结果统计如表 4-16 所示。

表 4-16　yahoo. jp 搜索结果统计表

发布信息特征		数量（条）	百分比（%）
有效条目		76	—
发布主体性质	外国媒体	24	31.6
	外国机构	27	35.5
	中国媒体	2	2.6
	中国机构	1	1.3
	个人	22	28.9
信息类型 （按数量顺序）	生活	17	22.4
	经济	17	22.4
	解释介绍	13	17.1
	旅游	9	11.8
	历史	6	7.9
	科技	4	5.3
	民族问题	3	3.9
	文化	2	2.6
	政治	2	2.6
	教育	2	2.6
	军事	1	1.3
	体育	0	0
态度立场	正面	19	25.0
	负面	21	27.6
	中立	36	47.4

在 yahoo. jp 检索内蒙古相关信息，每页 10 条检索结果，10 页共计 100 条，剔除广告和重复信息，剩余有效信息共计 76 条。

搜索到的 76 条信息中，外国机构发布信息数量最多，共计 27 条，占比 35.5%；其次是外国媒体发布信息，共计 24 条，占比 31.6%；中国媒体和中国机构发布的信息数量非常少，分别为 2 条和 1 条。个人发布信息 22 条，占比 28.9%。

搜索结果中，生活类和经济类信息数量最多，均有 17 条，占比均为 22.4%；其次是解释介绍类信息，共有 13 条；旅游类信息有 9 条，以个人发布为主，多数为游记；历史类信息 6 条，科技类信息 4 条，民族问题信息 3 条。值得注意的是，在生活、经济和科技类信息中，共有 14 条信息与生态环境相关，尤其是草原沙化及其治理方面的信息。

所有检索结果中，负面信息有 21 条，正面信息有 19 条，中立信息有 36 条。中立信息多数为百科知识与学术研究类信息，可以帮助日本民众较为客观地了解内蒙古，但是负面信息数量偏多，尤其是在生态环境、民族问题以及犯罪方面的信息不利于内蒙古正面形象的传播。个人游记多为正面信息，对内蒙古旅游形象的传播具有积极意义。

第三节　内蒙古文化与内蒙古形象国际
传播存在的问题

从以上调查研究的结果可以看出，内蒙古文化在海外传播的范围和频率都非常有限，究其原因，客观方面和主观方面都存在一定的制约。

一、客观方面

客观方面主要有经济发展程度、翻译与对外传播人才匮乏以及长期以来形成的刻板印象等原因。

（一）内蒙古经济发展相对落后，开放程度低

经济发展和对外开放程度是文化传播的重要推动力。经济越发达，对外开放程度越高，文化产品就越丰富，对外传播渠道、传播方式、传播手段就越多样，传播效率也就越高。由于内蒙古地处内陆地区，虽然与蒙古国与俄罗斯接壤，但毗邻地区经济发展同样落后，因此，受到自然条件、地理位置等因素的制约，内蒙古经济发展相对滞后，对外经贸体量小，对外经济文化交流有限，民族文化产品在传播渠道、传播平台搭建、传播机会获得等方面受到了一定制约，在很大程度上影响了内蒙古民族文化的对外传播。

（二）专业多语种对外传播人才匮乏，对外传播人员缺乏责任感与使命感

对外传播人才不仅需要通晓目标受众语言，还需要充分了解目标受众的社会心理、文化习惯和思维模式等。同时，对外传播专业人才还应具备传播学基本知识与传播策略。目前，内蒙古自治区政府部门对外宣传机构与主要新闻媒体所具备的对外传播人员严重不足，在遇到外宣任务时有的还需要借助高校或翻译机构的外语人才。在完成任务的过程中，也仅仅关注了语言的翻译，忽略了目标受众的社会、文化、心理与思维方面的差异性，不能够达到理想的宣传目的。内蒙古民族文化对外传播事实上是弱势文化条件下的文化传播，因此，人才支撑就显得尤为重要。文化对外传播是一门专业学问，传播人才既要熟知内蒙古民族文化的内涵，又要熟悉文化受众群体的心理和思维习惯，不能简单

理解为懂英语就能胜任文化对外传播工作。内蒙古独特的民族文化是在由汉族人民、蒙古族人民和其他少数民族不断融合的历史长河中积淀而成，其浑厚的文化内涵和丰富的民族语言是内蒙古民族文化瑰宝，也是文化外宣的一个难题。

（三）西方人对内蒙古的刻板印象

由于历史上，内蒙古地区常年处于政治分裂、部落混战、资源匮乏的状况，因此，西方人的意识形态很难摆脱贫困、不安定的内蒙古形象。由于地理位置的偏远和观念意识的闭塞，作为西部少数民族地区的优势和可发展前景却鲜为人知，海外受众对其了解更是少之又少。长期以来，贫穷落后成为内蒙古地区的象征性符号，甚至在改革开放 30 年后，内蒙古地区已取得长足发展，而这种刻板印象仍然没有改变。所谓的西方民主价值观成为美国人看待国际事务、思考国际问题的标尺。美国学界作为美国社会的重要一环，无法超越资本主义社会的"民主"共识。涉及中国少数民族问题时，意识形态色彩更加浓重。受到长期灌输的意识形态的影响，美国学界难以摆脱贫困、不安定的内蒙古形象。正如"托马斯公理"所说的：如果人们将某种状态作为现实把握，那状态作为结果就是现实。而形象一旦形成，便会很快变为一种客观存在，很难改变。

二、主观方面

主观方面主要有长久以来传播观念落后、传播主体缺乏主动性等原因。

（一）对外传播观念落后，传播效果不佳

长久以来，国内对外传播的观念仍然停留在"一厢情愿"地"宣传"的阶段。这一观念导致传播模式以传播主体为主，忽略了受众的感受。因此，我国发布的对外传播内容单一，通常是"报喜不报忧"，以宣传成就和政绩为主，忽略国外受众普遍关注的问题；语言则往往采用说教的形式，缺乏生动灵活性，也不符合受众的语言与思维习惯。这样的内容不仅不能引起国外受众的兴趣，甚至还会引起对方的反感与误解。

（二）地方传播主体缺乏主动性，传播平台建设落后，不能把握传播主动权

从调查结果来看，国内媒体关于内蒙古的消息对外发布主要通过《中国日报》、新华网和人民网这三家媒体，而国内机构对外发布主体主要是旅游企业。内蒙古地方政府和机构在对外传播中发挥的作用微乎其微。通过进一步调查了解，研究人员发现，内蒙古政府机构、主要新闻媒体、大型企业、高等院校本身存在不重视对外传播的问题。其中一个典型例子便是这些部门与机构的官方网站提供的网页内容语种单一，如表4–17所示。

表4–17　内蒙古自治区机关企业官网语言状况

单位名称	网址	官网语言情况
内蒙古自治区政府	http：//www. nmg. gov. cn/	汉文、蒙文
内蒙古自治区旅游局（旅游资讯网）	http：//zxm. nmgtour. gov. cn/inner－mon-golia/cn/index. html	汉文、蒙文与英文正在开发中
内蒙古自治区文化厅	http：//www. nmgwh. gov. cn/	简体中文、繁体中文
内蒙古商务厅	http：//www. nmg. gov. cn/zzqzf/znjg/zfzcbm/201506/t20150615_398231. html	中文、英文
内蒙古政府外事办公室	http：//www. nmgfao. gov. cn/web/de-fault. asp	中文
内蒙古博物院	http：//www. nmgbwy. com/	中文
内蒙古民族艺术剧院	http：//www. nmgmzys. com/	中文
内蒙古旅游发展委员会	http：//www. nmgtour. gov. cn/sy/	中文
内蒙古新闻网	http：//www. nmgnews. com. cn/	中文
新华网内蒙古频道	http：//www. nmg. xinhuanet. com/	中文、英文

续表

单位名称	网址	官网语言情况
内蒙古伊利集团	http：//www. yili. com/cms/index	中文、英文
内蒙古蒙牛集团	http：//www. mengniu. com. cn/	中文
鄂尔多斯投资控股集团有限公司	http：//www. chinaerdos. com/en/	中文、英文（仅标题）
中国北方稀土（集团）高科技股份有限公司	http：//www. reht. com/	中文
内蒙古伊泰集团有限公司	http：//www. yitaigroup. com/	中文
亿利资源集团	http：//www. elion. com. cn/	中文、英文
维信（内蒙古）羊绒集团有限公司	http：//www. victioncashmere. com	中文、英文、日文
内蒙古大学	http：//www. imu. edu. cn/	中文
内蒙古工业大学	http：//www. imut. edu. cn	中文、英文（简介）、蒙文空白

政府机构中，只有内蒙古商务厅官网有英文网页。选取的主要媒体官网中，只有新华网内蒙古频道有少量英文信息。此外，尽管所选取的企业都是具有外贸业务的企业，但是这些企业中仅有少部分有英文网页，且内容还不完整。选取的两所内蒙古高校是接收留学生比较多的高校，外文网页均建设不足。

地方传播主体不能在对外传播中发挥积极作用，平台建设落后，直接导致了内蒙古文化在对外传播中缺乏话语权，在遇到特殊事件的时候不能掌握传播主动权。如在调查中，西方媒体对"呼格吉勒图"事件的关注直接指向内蒙古法制和官员腐败问题，并且有意引导受众关注受害人的"蒙古族身份"。但是在对外传播中，国内媒体，尤其是内蒙古地方媒体集体失声，丧失了对这一事件的传播主动权，导致国外民众对内蒙古的社会、法制与民族问题产生误解。

第五章

他山之石

第一节　美国文化输出战略的实施路径

美国文化输出战略在实施路径上，因输出主体不同而有较大差异。政府更倾向于政治目标，企业更倾向于经济目标。但由于不同输出主体在意识形态上的相对统一性以及输出内容的大体一致性，就其客观结果来说，都是旨在让其他国家的政府和民众了解，甚至认同美国的社会制度和文化，并最终实现以美国的社会制度和文化替代其他国家现行社会制度和文化。总体而言，在不同历史时期，不同输出主体针对不同地区进行文化输出的方式是不同的，其输出的方式取决于不同输出主体对国家利益、自身利益和国际形势的判定。在两次世界大战中，美国文化输出在辅助实现战争目的的过程中发挥了重要作用。"冷战"期间，文化输出则成为资本主义和社会主义两大阵营斗争的主要手段。"冷战"后，随着国际形势的变化，美国开始谋求通过大规模文化输出进行全球性扩张。其中，公共外交、媒体话语权的争夺、对外文化贸易是其所依托的基本路径。

一、公共外交

主权国家通过和平方式处理国家关系和国际事务的活动被称为外交，包括政治外交、经济外交、军事外交等。公共外交（Public Diplomacy，又译为公众外交）是近年来引起人们越来越多关注的一种新型外交方式。尽管公共外交的活动可以追溯到久远的年代，但长期以来，许多人把它当作军事、安全、经济等问题的附属物来对待。国务院对于公共外交的定义非常简单：是由政府资助的计划，旨在提供信息，并且希望能影响国外公众舆论。1987年，美国《国际关系术语词典》对公共外交的解释是："由政府发起交流项目，利用电台等信息传播手段，了解、获悉和影响其他国家的舆论，减少其他国家政府和民众对美国产生错误观念，避免引起关系复杂化，提高美国在国外公众中的形象和影响力，进而增加美国国家利益的活动。"

首先要指明的是公共外交的主体。上面的定义也多次提到，它是由政府资助或发起的，因为外交本身是一种政府行为，公共外交同样也是一种政府行为，是政府及其所属机构组织并实施的活动，因此政府及其所属机构是公共外交的主体。和传统外交不同的是，公共外交的客体是民众。传统外交是政府对政府的外交行为，而公共外交是政府对公众的外交。普通公民、大众媒体等则是公共外交的受众。公共外交通过与他国公众的交流和对话，将本国文化、制度等介绍给民众，从而间接地实现国家利益。其次公共外交具有"公开性"的突出特性。传统外交通常在政府之间展开，是决策层在门后的秘密操作，只将结果公之于众。然而一般情况下，公共外交活动及其所表达的信息都是公开的。综上，可以将公共外交简要概括为：一国政府通过国际文化交流、国际信息项目、大众媒体、民意调查和支持非政府组织等形式，扩大本国政府、公民与国外民众的对话，提高本国的国际形象和影响力，进而增进本国国家利益的外交方式。

自第二次世界大战结束以来，随着全球经济相互依赖的日渐加深、信息和通信技术的发展以及国家政治生活中普通公众权力的不断扩大，传统外交方式存在一些不足，需要有新的外交方式来补充。在美国，文化外交被视为公共外交的一个重要维度。事实上，公共外交和文化外交这两个概念既有相互交叉的地方又不完全相同。公共外交关注的主题更多的是政治，是大量的单向的活动。而文化外交则关注人民之间长期的相互理解。公共外交的本质是为了单一目标而进行的短期行为，重点在于向他国民众解释本国政府的政策以实现政府的短期目标。文化外交则通过教育、文化交流来实现促进国际社会行为体之间的相互理解，致力于长期目标和长远利益的实现。从对象上看，公共外交主要针对外国民众，而文化外交还包括政府为许可、促进或限制文化交流而与其他国家签订多边或双边协定和执行、实施文化协定及其所从事的文化关系方面的活动。公共外交和对外宣传也有区别。对外宣传的最大特点是单向的信息输出。对外宣传通过强制进行具有特定价值取向的信息灌输，力求控制他国民众的心理和思想。公共外交既有通过宣传来赢得外国民众对本国政府现行政策理解和支持的短期目标，而且还具有塑造有利于本国国际环境的长远目标。公共外交既包括对外宣传活动，还包括教育与文化交流项目等方面的内容，比对外宣传涉及的范围要宽得多。

（一）美国公共外交的发展与演变

早在美国独立战争时期，公共外交活动就已初具雏形。但受美国国力的限制和孤立主义外交政策的影响，美国较大规模的公共外交活动始于第一次世界大战爆发后。为了保证美国自身的安全并协助盟国取得战争的胜利，在参战后不久，美国总统威尔逊宣布成立公共信息委员会，通过发布新闻、发行图书和电影以及散发传单等方式，向海外传播信息，以赢得国内对战争的支持，并对敌展开心理战。战争结束后，国会取消了公共信息委员会，美国对外宣传活动随之也进入低潮期。在两次世界大战期间，美国政府公共外交活动主要集中在苏俄和拉丁美洲地区。1917 年苏俄建立的苏维埃政权使美国意识到共产主义意识形态会对其政权构成威胁，便着手开始通过公共外交方式来瓦解苏联政权。这些为二战后美国在东欧和苏联开展公共外交积累了经验。二战爆发，美国政府重新拾起对外宣传的武器。1941 年，美国政府成立情报协调处（the Coordinator of Information）。1942 年，成立了后来美国新闻署的前身——战时新闻处（the Office of Far Information），其国外办事处被称为美国新闻处（the United States Information Service，USIS）。同年，美国开通了由国会资助的广播电台"美国之音"（Voice of America，VOA）。美国之音以多种语言通过短波、中波和卫星向全球广播，不仅向国外听众报道世界各地的新闻，还介绍并解释美国的政策、社会情况和风俗习惯。美国的文化交流活动始于 20 世纪 30 年代。1938 年，美国政府成立了由政府主导，进行对外文化活动的机构——文化关系司，后来改名为国务院教育与文化事务局。第二次世界大战期间，美国通过在驻外使馆创建文化事务专员职位、任命并派驻文化专员，使其对外事务管理走向专门化、制度化。1945 年，美国启动了"富布莱特项目"，这是美国历史上规模最大、影响最深、最为成功的国际文化交流项目。富布莱特项目的参与者将自己的知识、技能传递给美国公众，激发了美国公众对自己本土之外的世界的兴趣，增加了他们对外部世界的了解，推进了美国公众与国家社会的联系，促进了国家间的交流。第二次世界大战结束后，随着"冷战"的爆发和局面升级，美国先后通过一系列法律和法规，规定了美国政府从事公共外交活动的程序及范围。1947 年，根据美国国家安全法成立的中央情报局也参与到美国政府公共外交活动中来，并在整个"冷战"时期扮演了极其重要的角色。1953年，美国新闻署（the United States Information Agency）成立，这是美国政府开展公共外交的核心机构，标志着美国政府对外文化和宣传活动走向稳定和成熟。此后，公共外交活动在美国新闻署指导下得以有序开展。在《冷战和美国新闻署：1945年到1989年的美国宣传和公共外交》一书中，尼古拉斯·卡尔（Nicholas J. Cull）将美国新闻署半个世纪的工作总结为四点，即致力于树立美国的正面形象、诋毁美国的"敌人"、宣讲"美国梦"、传播美国的价值观。为做好这些工作，美国新闻署通过编制和传播信息，促进各国对美国推行的政策、观点及生活的各方面的理解；通过召开各种论坛、研讨会来宣传美国价值观和影响国际舆论；通过开展机制性的系列文化活动传播美国的文化及美国价值观；通过人员交流，强化他国精英及青年对美国体制、文化及价值观的好感，进而培养代言人。

总体来看，二战结束后的美国公共外交可以分为"冷战"期间和"冷战"结束后两个阶段。"冷战"期间，美国政府的公共外交活动规模空前。以富布莱特项目为例，1949~1989年接受富布莱特基金会资助的有114502人，遍及非洲、拉丁美洲、东亚太平洋地区、欧洲、近东与东南亚。同时，有6964个美国学者接受资助到世界各地讲学。美国学者Dizard曾说："富布莱特项目是'冷战'时期美国政府制定的最为成功的意识形态项目，涉及学者、艺术家和其他专业人士，由他们担任起扩大本国对外文化关系的任务。"美国之音（VOA）在鼎盛期能够使用53种语言向100多个国家进行广播，每周播报660个小时，同时还拥有22个电台、900多个下设广播机构。20世纪70年代，美国新闻署用多种语言向境外播送专题电视广播，它拥有分布在128个国家的200多个新闻中心，用不同语言印刷了80种杂志和60种报纸。美国新闻署在国外还拥有200多个影片库和约8000台电影放映机，每年有2亿多人观看其播放的电视节目，有7.5亿人观看其影片。它还在全球83个国家建立了图书馆。美国新闻署的平均年支出为2.5亿美元（这在当时是相当庞大的数目），从事公共外交的人员维持在11000人左右。"冷战"期间，美国开展公共外交的重点是在苏联、东欧社会主义国家和深受共产主义思想影响的地区。"冷战"期间美国政府开展的公共外交活动，是在当时局势下巩固资本主义民主阵营的一种手段，同时也起到了促进共产主义意识形态的消解的作用。最终苏联解体，美国取得了自以为是的胜利，也更坚定了美国政府开展公共外交的决心和信心。"冷战"结束后，国际地缘政治局势出现了深刻的变化，美国政府的公共外交也面临着巨大的调整。"冷战"结束之初，美国出现新的孤立主义思想，福山等认为"冷战"结束标志着意识形态斗争已经以资本主义的胜利而终结。美国学术界和国会中的保守派开始质疑美国在公共外交和文化外交领域的经费投入以及文化外交是否保留在公共外交的框架内。因此，在克林顿的第一任期，美国公共外交和文化外交的项目和经费大幅度削减。尽管如此，从老布什政府的超越遏制战略，到克林顿政府以经济、安全和民主为三大支柱的外交战略，再到小布什政府在全球特别是国家和地区推行的反恐战略，美国政府并没有因"冷战"的结束而放弃公共外交活动，他们都无一例外地将在海外推行美国的民主价值观视为要务，更自觉地将文化视为"软实力"，通过巩固、深化美国的文化权力，谋求"影响和引导"世界未来的方向。美国新闻署出台的"1996~2002年战略谋划（The USIA 1996~2002 Strategic Plan）"宣布：新闻署的使命是"通过了解外国公众，向他们传递信息、施以影响，了解和拓宽美国公民及组织与对应的外国公民和组织的对话，来促进美国的国家利益和国家安全"。"9·11"事件发生后，美国公共外交再次受到美国政府的特别关注。在进行大规模对外信息与文化宣传活动的同时，美国对文化外交战略进行了相应的调整。美国政府充分利用现代信息技术，将公共外交对象国由过去主要在反共产主义盟国内部、苏联和东欧社会主义国家，扩展到世界各地。公共外交的内容由冷战时期的政治意识形态，扩散到包括宗教、哲学、普通社会价值观、生活方式等在内的广泛的文化内容。公共外交的目标由服务于

"冷战"的需要升级到美国普济民主人权等价值的需要。为此，小布什政府于2003年7月依据美国联邦咨询委员会法案（Public Law 92－463），在国务院成立了文化外交咨询委员会（the Advisory Committee on Cultural Diplomacy）。这是美国第一个官方的文化外交咨询机构，是美国政府对文化外交在后"冷战"时期战略意义的重新认识。自2001年以来，美国对公共外交各项目的拨款已增至原来的三倍以上。2006年9月，小布什政府更是启动了一个"全球文化计划"（Global Cultural Initiative），它包括四个国际文化合作项目，即与国家艺术基金会合作开展系列国际文学交流活动；与国家人文基金会合作开展"我们的人民"项目，邀请世界各国的教师来美参加为期一周的历史夏令营；与美国电影协会合作举办国际电影与电影工作者交流活动；与约翰·肯尼迪表演艺术中心合作开展艺术管理和表演艺术培训计划。这些项目都是美国"全球文化计划"的组成部分，作为美国文化外交的重要内容，该计划被赋予了增强美国软实力、改善美国国际形象等诸多使命。这也是美国政府在后"冷战"时期最为宏大的一个文化外交计划，该计划对美国来说无疑有着很强的现实意义。在2008年的美国大选中，奥巴马将文化政策纳入其候选纲领，其文化主张中重要的一条就是强化美国文化海外传播。奥巴马上台之后，对美国的公共外交做出了改良，提出了"新媒体外交"和"全民网络外交"等理念。新媒体是相对报刊、广播、电视等传统媒体而言的，是新技术支撑体系下出现的媒体形态，具有便捷和渗透性强的特点。将通过传统媒介方式展开的政府外交转化为个人对个人的网络公共外交，使其更具人性化，效用更强。美国还大力推行互联网外交，鼓励美国公民通过网络与其他国家公民进行互动和沟通。公共外交并不只是靠政府传统的宣传方式去宣传，还要依赖于普通民众的面对面交流，通过网络不仅能加大加深各个层面与其他国家联系和沟通的范围与程度，也更能体现美国对于公共外交全民投入的劲头。

（二）美国公共外交的活动方式及其特点

美国公共外交的活动方式繁多，如信息活动、文化和教育交流、国际广播、各类基金会和思想库、民意调查、网络交际、NGO 和 MNC 合作网络、图书馆和多媒体中心、展览、语言培训、书籍出版、人才交流、媒体外交等。这些活动有的是政府主导的，有的是准政府主导的，有的是非政府主导的。

政府主导的外交活动中，信息活动主要是指运用无线电广播、电影、电视和新兴电子通信媒体，对外发布有关美国外交政策、社会制度和文化方面的内容，其重点在于对美国政策的宣传活动。国际文化交流项目侧重于对外教育与文化交流，包括人员交流、教学、图书捐赠、建立文化中心、开展文化艺术活动等。此外，美国政府的英语公共外交还包括民意调查、媒体外交和资助各类基金会及思想库等形式。非政府行为的公共外交包括图书馆、NGO 和 MNC 合作网络、人才交流、展览和网络交际等。一般来说，人们对美国政府公共外交活动的分析主要从信息活动和文化教育交流活动两个方面来进行。信息活动意在赚得他国公众对美国对外政策的支持和理解，实现美国的短期利益；文化和教育交流则旨在创建一个互相信任与理解的国际环境，实现国家的长期战略利益。信息活动通过广播、电视、电影、报纸、书刊和互联网等媒介对其他国家的民众理解美国的外交政策发挥影响，并传输各种文化信息。具体来说，信息活动的作用主要表现在：为政府向对象国政府和公众迅速传播信息、表明立场和稳定局势；及时给政府提供国际事务信息，及时搜集、分析和处理国内外媒体和公众的反馈信息，及时跟踪和深度报道形成舆情分析，为政府外交决策提供参考。"冷战"后，在全球信息化背景下，美国政府把国际信息办公室分割为技术服务办公室、地区的服务办公室、专题项目办公室。首先将包括官方文本、副本、政策声明、解释性文本以及意见备忘录等迅速传递到各地区服务办公室，再由地区服务办公室根据政府口径对这些信息进行战略规划、剪辑和编辑，然后围绕政策需要，利用互联网、数字传输、卫星电视等各种渠道向世界各地传播信息。信息活动的最大特点是它的对外宣传属性。对外宣传主要面向与美国在意识形态上敌对的国家或有意地曲解美国的国家，更多的是针对往往在美国人看来受到政府"操纵和愚弄"的大众，旨在改变他们思想中对美国的敌对或扭曲的看法，在他们的头脑中树立起美国的正面形象。一些学者所谓的"思想战"便是指这方面，因此它的政治性体现得更为明显。当然，当美国致力于输出其文化观念或生活方式时，对外宣传所针对的对象往往包括除美国外的所有国家的公众，对他们认识美国社会产生了举足轻重的影响。哥伦比亚大学社会学教授菲利普斯·戴维森认为：包括广播、电视、电影、报纸和书刊在内的媒介能够左右人们情绪的观点一直被大家广为接受。按照这种思维方式，宣传是影响舆论的一种有效手段。真实的信息将纠正人们对美国和美国政策的错误看法。如果这种谎言能够被揭露的话，共产党的宣传将会受到抵制。按照这种观点，敌对宣传如果不加以反击，就会对人们的思想产生危险的影响。

此外还有人才交流项目、图书出版、语言培训、展览、图书馆和多媒体中心等。富布莱特项目是由美国政府资助的全球性文化、教育交流项目。富布莱特项目资助美国和别国学者到彼此的国家进行交流访问，得到资助的学者们通过讲学、从事合作研究、参加学术讨论等活动，促进了美国与其他国家的相互了解。一般来说，项目资助的对象是他国知识和文化领域的精英或高端研究人员。这些受到资助的人往往成为本国的学术精英或政府要员。国际访问者项目是美国国务院主办的民间文化交流项目，旨在增进美国人和其他国家优秀公民的相互了解。国际访问者所资助的对象通常是一国的官员、学者、艺术家、科学家等，都是国家人才精英，目的是让访问者亲临美国进行考察，体验美国社会的价值观念和社会制度，从而提高美国的国际形象。国际青年访问项目最早在里根时期设立，是由美国新闻署与美国民间组织或机构联合开办的。青年交流项目对推广美国的价值观和自由市场制度具有重要意义，因为青年人对新事物的好奇心和接受能力强，思维活跃，是国家未来的希望，日后能成长为各行各业的领军人物。青年交流项目包括外国青年到美国上学、旅行和接受语言训练等多种方式。此外，极具优势的语言培训、图书项目等都是美国历史较为久远的文化交流项目。文化交流项目一般发生在与美国具有外交关系的国家，针对的对象多是已成为一个国家的精英或拥有这方面潜力的人，目的一般不是着眼于眼前利益，更多的是出于对未来的考虑。小艾尔弗雷德·埃克斯等认为二战后"美国成为一个纯粹的文化价值出口国"主要是针对政府资助的教育交流项目而言的。成千上万的外国学生前往美国学习，数目远远超过去国外的美国学生的数目。这些人在完成学习后，带着对美国政治和经济价值观的更深刻的理解回国，决心促进更大范围内的民主。关于学生交流在未来对美国的重要性，当时任助理国务卿的艾伦在 1948 年 5 月指出，这些外国学生的经历将对世界具有很大的影响。这些学生中的大多数将回到他们本国的负有责任的领导岗位。他们带回去的对美国的印象被认为是比他们获得的专业知识和技艺更有意义的。参与文化交流项目的外国人一般是在一个国家内受到很好教育的阶层，他们大多能够以一种具有"理性"的眼光观察一个真实的美国，这种对美国的直接感受远远比通过媒介来认识美国的效果好得多。美国前国务卿劳伦斯·伊格尔伯格曾在一篇文章中强调，单纯地依赖美国有线新闻网（CNN）、好莱坞电影或互联网来传递美国思想充其量只是提供了有关美国不完整以及有时扭曲的画面。而美国政府资助的教育交流和专业交流却是商业媒介或大众文化所不能取代的一种"目标明确和范围高度集中"的外交政策工具。从理论上讲，文化或教育交流应该是国与国之间双向的流动，但在"冷战"期间，由于美国的主要目的并不是想通过交流使国人更加了解对方的文化或社会，而是出于服务"冷战"的目的，所以这些交流往往成为美国单方面的行为，不管是接纳外国人来美国参观、学习和研究，还是派遣美国学者到国外讲学，都体现了利用美国民主制度的优越性和物质文化的丰富性来促使国外民众的思想向着有利于美国方向的转变。

美国公共外交的突出特点可以从三个方面进行概括：其一，美国是一个特别注重利用思想和文化进行对外扩张的国家，美国公共外交的强度和持续性是其他国家无法比拟的。从美国的历史发展轨迹看，19世纪末20世纪初的海外宗教传播，"冷战"时期的"和平队"，美国之音和自由欧洲的广播宣传，"9·11"事件后在中东和伊斯兰国家的鼓噪宣传，出现在乌克兰、白俄罗斯和中亚地区的"颜色革命"，到处都是美国公共外交活动的影子。其实，在国家关系领域，以自己的文化观念影响国际关系在许多国家都不同程度地存在，但很少有国家像美国政府那样通过公共外交活动强力进行文化扩张，并使其带有明显的持续性。其二，美国政府公共外交活动是将美国的价值观和社会制度作为一种普世标准，并通过各种方式甚至不惜动用武力强行向外推广，很少顾及他国的文化特性。道格拉斯·多德认为，美国制定它的内政和外交政策经常是依据一种假设，即美国具有一种使它享有特殊权力的特质，它的国家政策都是符合其他国家利益的。其三，美国公共外交在全球范围内实施，但不同地区的项目与活动分配也会根据当时当地的局势和情况做出调整。如"冷战"期间，公共外交目的在于从内部瓦解苏联东欧社会主义阵营，因此采取的方式是大规模对外信息与文化宣传活动。"冷战"结束后，美国加强了对原社会主义国家的教育及文化交流项目，并配合其他手段如外援项目、投资项目等巩固那里的民主自由化进程。

二、媒体话语权的争夺

（一）媒体话语权

近年来，文化与政治研究中，话语权这个词经常出现。话语权是指影响和控制舆论的权力和能力，它有能力决定公众舆论的走向，并进一步影响社会的发展方向。媒体与话语权有密切关系，是话语权的基本载体和工具。媒体是传播信息资讯的载体，即信息传播过程中从传播者到接受者之间携带和传递信息的一切形式的物质工具。传统的媒体（Media）是具有广播、印刷等多种形式，且制造、传输大量内容的传播组织。但更丰富的定义则涵盖了流行文化（电影、电视剧、音乐、动漫）和新兴媒体（互联网、社交网站、移动传媒）的内容。媒体具有强大的传播和说服功能，因此有学者将其纳入公共外交框架进行分析，提出所谓的媒体外交。本书在前面的分析中也曾提到媒体外交问题，但从文化输出的角度看，媒体话语权更有其深广的内涵和独立的意义。我国学者张国庆在《媒体话语权——美国媒体如何影响世界》一书中，从理论上对话语权进行了较为全面的梳理分析。20 世纪 70 年代，法国哲学家米歇尔·福柯（Michel Foucault）提出了"权力话语"（Power Discourse）概念，认为话语就是人们斗争的手段和目的，进一步地说，话语是权力，人通过话语赋予自己以权力。福柯的逻辑是，权力不是一种固定不变的、可以掌握的位置，而是一种贯穿整个社会的"能量流"，能够表现出知识也是权力的一种来源，有了知识才可以权威地说出别人是什么样的，并解释他们为什么是这样的。这不仅是话语权（Discourse Power）一词的来源，更说出了话语权的真谛——它是一个能量流动的过程，是一个社会各种力量合流的过程，更是一个语言、知识和文化影响世界的历史过程。

美国语言学家和人类学家爱德华·萨丕尔（Edward Sapir）进一步引申出三个重要观点：①语言影响人类关于现实世界概念系统的形成；②语言与我们的思维习惯不可分解地交织在一起；③真实世界很大程度上是建立在群体的语言习惯之上。这些也从一个侧面凸显了媒体的话语权，也即它对现实的描述部分地影响到人们对外部世界的看法，影响到人们与外部世界打交道的方式。这也有助于我们理解媒体影响舆论的重要方式，即议程设置和选择性报道。

（二）美国对媒体话语权的争夺

美国媒体对话语权的争夺和维护是全方位的，无论是传统媒体还是新兴媒体，抑或是流行文化，都在相当程度上掌控着媒体的国际话语权。这不仅仅是因为美国媒体在赢得信任感、增加吸引力、强化依赖感和提高服务性方面卓有成效，更是因为其在上述各个领域形成的垄断地位。在美国传媒业刚刚开始发展的时候，为了规范国内传媒行业的竞争，美国政府先后从广播、电视着手，对传媒业的发展进行了多方面的管制。这些管制十分有效，使得美国国内传媒企业在很长一段时间内始终保持良好而有序的竞争状态。在这样的条件下，美国出现了一批具有较强竞争力的传媒公司。20 世纪七八十年代，美国国内文化消费市场日趋饱和，为了鼓励传媒企业通过并购提升国际竞争力，美国政府逐渐放宽国内对于传媒行业的管制。于是，并购在美国广播电台、电视台、报纸、杂志、出版和电影制作等传媒业公司里出现风起云涌的势头。从一个独立发展的产业的角度来看，跨国传媒集团的出现是传媒公司从国内竞争向国外扩展的结果。经过长期的竞争，单一媒介的垄断集中与跨媒体的集中之后，最终形成了 6 个在国际市场上的大的传媒集团。如今，6 家大公司已经控制了超过 90% 的美国媒体。这 6 家媒体巨头分别是：通用电气公司（General Electric Company，GE）、新闻集团（News Corporation，NWS）、迪士尼公司（Disney）、维亚康姆（Viacom）、时代华纳（Time Warner）和哥伦比亚广播公司（Columbia Broaelcasting System，CBS）。这六大公司控制了美国 70% 的电视业务，更是在全球市场占有垄断地位。这些跨国传媒巨头构建了跨媒体、跨行业、复合型的媒体平台。经过多年拓展扩充，这些跨国传媒企业的受众遍及世界大多数国家，其业务涉及电影、电视、有线电视、互联网、主题公园、音乐、出版、户外广告、游戏软件乃至商业性体育比赛等诸多领域。

跨国传媒集团的形成及其国际垄断地位带来了与美国媒体赢得话语权相关

的一系列影响。第一个影响：美国的大公司与媒体之间关系日益密切。如今，美国任何一个行业都拥有一家甚至几家重要媒体，任何一家规模可观的媒体都在一个大产业中拥有至少一家公司。跨国公司与媒体集团之间这种相互参股的关系，给主流媒体带来了更多全球化色彩，它们的影响力和国际话语权也随之放大。第二个影响：新闻报道范围更大也更集中了，但是在某些情况下，媒体的新闻报道和内容会受到所属企业及其相关组织的干涉。"类同性"而非"差异性"成为全国性媒体新闻报道的特点。无论是收看电视台的新闻还是阅读报纸，受众所看到的新闻及其解释都大同小异，从而在相当程度上影响到受众对诸多问题的认知取向。各传媒企业的意识形态倾向也在无形之中渗透于受众的头脑中，这在一定程度上影响了公众舆论的导向。第三个影响：跨国传媒集团在国家内政和外交政策上的影响力在逐渐加大。媒体在外交领域内表现出强大的议题设置功能：媒介所强化和报道的题材、事件，会引起政府的重视，将政府之前未考虑或未重视的事件提上日程；将已经列入议程的问题提升到更重要的战略位置。美国学者伯纳德·科恩（I. B. Cohen）在《新闻媒介与外交政策》一书中指出，媒体是一条连续而明确的纽带，联结政府和关心国际事务的公众，因而成为外交决策不可或缺的要素。第四个影响：跨国传媒集团掌握了更大的媒体控制权和舆论引导力，赢得了对公众、国会乃至总统更多的话语权。此时的主流媒体比以往更容易实现报纸、杂志、电台、电视台、互联网乃至电影公司多种媒体的信息共享和"集团作战"，话语权优势就更大了。

（三）美国媒体话语权与文化输出

美国跨国传媒集团在全球赢得话语权面临的挑战主要有文化差异的市场屏障、地缘空间的距离隔阂和各国政府的政策壁垒。在文化产品的生产和传播过程中，美国跨国传媒集团探索出了卓有成效的方法，通过成熟的商业运作将美国文化成功推向全球。由此进一步展现了美国媒体的国际话语权和文化输出的强大行动能力。

在内容上，以娱乐为主，迎合和融入本土文化。各国受众的民族文化传统和自身知识积累的差异性是阻挡外来文化进入的天然屏障。但是，随着世界各国经济发展水平的不断提高，普通大众闲暇时间日益增多，旨在愉悦身心、松弛紧张情绪的娱乐需求也随之显现，从而为大众文化的世界性传播带来了契机。在全球扩张的过程中，美国跨国传媒集团以娱乐为切入点，精选具有普适性、趣味性的内容，采取更易流行和更能刺激大众消费的技术和方法，以感性方式来获取受众情感的共鸣。美国跨国传媒集团善于准确捕捉人类的基本心理需求和市场动向，不断发掘虚拟内容和大众精神世界的契合点，激发消费者对情感、梦想、欲望的热情与追逐，主动为大众制造精神文化需求。美国大众文化产品的娱乐功能巧妙地营造了一个淡化国家、远离政治说教的大众娱乐氛围，能主动避开与意识形态直接相关的敏感领域，能引起受众国大众的认同，进而接受这些文化产品所承载的外来文化。

不仅如此，美国跨国传媒集团在大众文化的风格形式上还适当融入输入国的本土元素。在进入每一个新市场之初，美国各传媒集团都会针对不同国家受众的消费能力、兴趣习惯、时尚品位、文化传统、心理需求等诸多方面进行市场调研，努力发掘美国文化与当地元素的契合点，制作出蕴含他国文化元素、具有他国文化特色的文化产品，以此增强与该国受众的心理和地域上的亲和力。如美国电视剧《汉娜·蒙塔娜》（Hannah Montana）在印度播出时，加入了由印度演员以宝莱坞歌舞来演绎的片段；迪士尼动画片《花木兰》则取自中国古代花木兰替父从军的故事，被认为是融入中国元素的成功典范。为了实现美国大众文化产品在受众国的本土化，美国跨国传媒集团还启用所在国的本土管理精英和技术人才，以更好地把握其文化产品的品牌内容与他国大众的文化品位与感受的有机融合。文化产品是一国文化环境的产物，也是文化传统和价值观的自然体现。尽管美国文化产品处处体现着娱乐精神和商业气息，但归根结底，它是建立在美国的核心价值理念基础上的。美国文化产品中无处不在的美国核心价值观，可以说是美国对外文化传播中最好的"植入式广告"，在很多时候要比政治经济交流及新闻传播成功，也更易于为普通民众接受，效果自然也更明显。

在技术上，科技为先，营造强大生产能力与全球传播能力。美国文化的全球扩张一直得益于科学技术的有力支撑。在自身发展过程中，美国跨国传媒集团高度重视对高新技术的把握能力，不断抢占传媒技术的制高点。在文化产品生产上，美国跨国传媒集团率先将工业技术运用于大众文化产品的产业化生产，具体的生产操作专业化强、分工细致且有统一标准，经过大规模的机械复制，最终走进千家万户。尤其是不断运用高科技进行影视文化产品制作，为受众带来了完美逼真的视听享受。几乎所有的好莱坞大片特别是科幻大片都是高科技成果运用的结果。在文化产品传播上，美国跨国传媒集团于 20 世纪 90 年代率先在广播和电视等领域运用了卫星技术，其传播能力大幅度提高，受众覆盖面更是以几何级数增长。随后又大力开发容量大、频道丰富、能满足观看者个性化需求的数字电视。另外，跨国传媒集团还联合了卫星技术和数字技术，通过覆盖全球的卫星电视网络，领先于其他传媒行业迈入了媒体的全球数字化消费时代。尤其是互联网技术的发展有力地推进了美国跨国传媒集团传播技术的发展。随着到达率更高、个性化更强的手机的普及，以手机为媒介终端的内容服务迅速进入跨国传媒集团在全球的业务领域。迪士尼就是目前全球最大的手机内容提供商之一。以上新兴科技的发展和运用突破了时空的限制，实现了大众文化传播的同时性和同位性。美国跨国传媒集团充分利用每一次高新技术发展带来的巨大发展机遇，不断增强文化产品的生产制造和传播能力，为其在全球大众文化市场的高效运转及高额利润提供了保证。在科技方面，美国跨国传媒集团的领先优势是其他国家所不可及的，它极大提高了美国大众文化产品的品质，也为美国跨国传媒的传播能力提供了技术保证。

在策略上，跨媒体平台打造了全方位、立体覆盖的传播网络。在发展初期，美国跨国传媒集团多在同一市场、同一产业链环节内实行并购，纵向渗透上下游环节，意图打造纵横一体化的传媒集团。随着技术的发展和实力的强大，美国跨国传媒集团开始整合三大媒体资源——平面媒体、立体媒体和网络媒体，组建资源共享、优势互补和产业互动的跨媒体传媒集团。近年来，不同跨媒体传媒集团之间又通过并购联合参股进行合作，实现强强联手。如面向中国、影响遍及亚太地区的华娱卫视，就是美国时代华纳和 TOM 集团联手打造的。对于跨媒体传媒集团来说，跨媒体平台实现了同一内容的多渠道运用和系列开发。新闻集团旗下的 20 世纪福克斯公司出品的《星球大战》系列电影自1977 年以来共播出了 6 集，在全球攫取了 42.334 亿美元的票房收入，此外还有大量衍生品带来的收益，包括电子游戏、漫画书、小说、有声读物、各种图片或形象授权、音乐授权、音像再发行收益等。迪士尼公司通过播放迪士尼电影获得高额的票房收入；再通过发行录像带、DVD 来获得第二轮收入；然后通过迪士尼主题公园的推广获得第三轮收入；接着利用特许经营和品牌专卖获取第四轮收入；最后通过电视媒体的宣传获取第五轮的收入。据统计，在迪士尼的全部收入中，电影发行加上后续的电影和电视收入占到迪士尼总收入的30%，主题公园收入占到 20%，其余的 50% 则来自品牌文化产品的销售。

三、对外文化贸易

（一）美国文化产业发展现状

美国贝尔蒙大学教授唐·库西克指出："大众文化是以市场为基础的，而不是基于美感之上的。换言之，在经济意义上讲它是比较'流行'的文化。即电视节目针对大多数观看者，无线电针对大多数听众，唱片针对大多数购买者，电影针对大多数购票者。尽管大众文化的研究包括从服饰到大众活动再到物质文化等范围很广的不同问题，但它根植于娱乐。某些大众文化娱乐也许被看作是'艺术'甚或高雅，但大众文化的主体却包含着通过从生产者到消费者的娱乐而实现大众文化的传递。"也就是说，大众文化对人们思想的影响主要是在消费领域完成的。大众文化产品是大众文化的物质载体，如电影、电视节目、杂志、流行音乐以及快餐食品等。这些产品也是通过贸易的途径进入他国的，与其他物质产品的区别在于其携带着生产国的文化观念。因此，这里首先要对美国的文化产业进行分析和描述。文化产业是工业文明时代的产物。法兰克福学派的阿多诺和霍克海默在 1947 年出版的《启蒙的辩证法》一书中首次使用了文化产业（Cultural Industries）一词，当时二人正逃离纳粹德国流亡美国，在这种背景下，文化产业的含义则是指战后资本主义使得娱乐和大众传媒变成了工业，在推销文化商品的同时操纵了大众的意识。由于世界各国历史背景、经济发展过程、政府所制定的政策等具体情况有着巨大的差异，因此对文化产业概念的界定也不同，至今国际上仍未形成十分严格和统一的界定，甚至对文化产业的称谓都不尽一致。美国将文化产业称为版权产业（Copyright Industries）；英国和澳大利亚将文化产业称为创意产业（Creative Industries）；在欧洲，文化创意产业（Creative Culture Industry）十分流行，还有将文化产业称为内容产业（Content Industries）的等。其中创意产业与版权产业在当今文化产业研究中占重要地位。创意产业一词是 1994 年澳大利亚政府提出新的国家文化政策"创意之国"时被正式记载的，1997 年英国成立了创意产业特别工作小组，它首次正式给出创意产业的定义："源自个人创意、技巧及才华，通过知识产权的开发和运用，具有创造财富和就业潜力的行业。"英国人认为，创意产业包括广告、出版、建筑、艺术和文物交易、电视广播、电影、互动休闲软件、音乐、设计、时装设计、表演艺术、软件、工艺品 13 个产业。

创意产业这个名称还被澳大利亚、新西兰和新加坡等国广泛采纳和使用。

1990年，美国首次提出版权产业。众所周知，美国始终重视知识产权保护。国际知识产权联盟（International Intellectual Property Alliance，IIPA）提出了版权产业的概念，并将英国之前划分为创意产业的13种产业全部纳入版权产业之列。版权产业指生产经营享有版权的作品的产业，它受到版权法及相关法律法规的保护。它是一种无形的产业，对象是文学、艺术、科技等文化成果。IIPA将版权产业细分为核心版权产业、部分版权产业、版权关联产业，以及边缘支撑产业四个部分。影视业、音乐和录制业、出版业、软件业、广告业等属于核心版权产业，这种产业创造有版权或者受版权保护的产品，主要对有版权的作品享有进行再创作、复制、生产和传播的权利；纺织品、玩具制造、珠宝、建筑等产业属于部分版权产业，这些行业的产品中只是部分享有版权；电视机、收音机、计算机等属于版权关联产业，这些设备主要用来生产、制造和销售受版权保护的产品；各种版权产品的批发、零售业，图书馆，以及为之服务的运输业等属于边缘支撑产业范畴，这些产业将受版权保护的作品宣传、分销或销售给商人或消费。以上四个部分构成了全部版权产业。

美国的邻国墨西哥、加拿大也沿用了这种分类。由于文化产业的内涵和分类本身就是一个庞大的研究领域且不是本书的研究主题，这里只是做一个概貌的介绍并给出美国文化产品贸易的大致范围。美国文化产业的发展经历了三个阶段。

第一阶段：萌芽时期。随着科技的发展和运用，美国的广播业、电影业在20世纪20年代产生萌芽并发展起来，这些产业至今仍然是美国文化产业的核心组成部分。处于萌芽阶段的文化产业，基本上是一种自发、独立的状态，暂且没有能力和实力将触角伸向国外。20世纪30年代，好莱坞迎来了第一个黄金时代，标志着美国电影产业开始对全球产生影响。这一阶段一直延续到二战时。

第二阶段：飞速发展时期。二战后，信息技术开始取得重大进展，这也成为美国文化产业飞速发展的巨大动力。美国文化产业的各个分支都获得了巨大的发展，其中最显著的还是电视业。美国文化产业的总体实力从这时开始独霸全球。这一时期有两个因素对美国文化产业发展产生了深远的影响：一个是"冷战"的政治格局。"冷战"时期，美国新闻署成立，开始对外宣传美国价值观，试图从内部瓦解苏联，这时的美国的文化产业被附上了意识形态标签。另一个是美国新自由主义的兴起。新自由主义的经济政策反对政府干预，主张放任自由和放松管制，这些都促进了美国文化产业的繁荣发展，甚至在某种程度上加剧了美国文化企业的兼并和垄断，也使得美国文化产业的垄断性和扩张性凸显出来。

第三阶段：稳定发展时期。"冷战"结束后，世界进入了全球化时代，经济全球化和全球信息化的发展给美国掀起了网络化浪潮。20世纪90年代，网络产业的迅速崛起让美国文化产业发生了巨大的变化，传统的格局被打破，新的文化产业更新换代成为了时代的主流。但由于美国的数字信息技术一直处于全球领先地位，因此其文化产业继续在世界领跑。进入21世纪以来，网络文化产业在美国文化产业中的比重日益上升，网络游戏、网络教育和网络出版等网络产业都处于全球的领先地位。

美国文化产业有一系列突出的特点和优势。第一个特点是规模化。早在1996年，经济合作与发展组织发表的数据就表明，美国的第三产业占到其GDP的70%左右，其中文化产业占美国GDP总量的20%。到了2011年，美国第三产业的比重增加到79.6%，文化产业比重也高达31%。全美最富有的400家企业中有72家是文化企业，美国文化产业常被称为文化巨无霸。第二个特点是垄断化。20世纪80年代以来，美国文化产业历史上发生了一系列著名的并购案，这些大公司间的兼并和整合，使美国文化产业的发展盛况空前，实力也大幅度增强。少数大型文化产业集团控制了文化产业的主体行业，包括电视、广播、电影和出版等。第三个特点是科技化。高科技的广泛使用全面改变着美国文化产业的面貌。美国电影、电视、广播、出版等行业在数字技术和网络技术的带动下全面迈向数字化时代，也使得美国文化产业的布局结构发生了新的变化，涌现出的新兴产业迅速带动了美国文化产业的升级换代。第四个特点是国际化。美国各大文化产业集团公司现在都是在世界范围内进行文化产品的生产和流通。某一文化产品的生产和销售往往由多个国家的多家公司协作承担，以此减少成本，提高了效益。第五个特点是市场化。美国大部分文化产业都遵循市场经济规律，在开放的市场中自由发展。当然一些公益性文化产业除外。美国文化产业规模化、垄断化、科技化、国际化和市场化特点形成了其强大的国际竞争能力，也由此决定了美国对外文化贸易的基本格局。

（二）美国对外文化贸易的基本格局

按照联合国教科文组织（UNESCO）的统计，早在 1995 年，全球 3480 亿美元的文化产业总值中美国就占到 1840 亿美元，现如今，美国文化产业在世界文化市场所占比例高达 43%。美国最大的出口种类是电影、电视节目、音乐、图书以及电脑软件。到 1998 年，仅影视和音像出版业的出口总收入就达 600 亿美元以上。2010 年，全球电影票房是 318 亿美元，而美国电影海外票房是 212 亿美元，美国占到全球电影票房的 2/3。在发展速度上，自 1991 年以来，美国知识产权的出口额上升了近 94%；1996 年，美国的软件和娱乐产品出口总额为 602 亿美元；美国在全世界的麦当劳餐馆以每天开张 6 家的比例增长；从来没有看过篮球赛的儿童却能识别迈克尔·乔丹的光头形象。因此，在很多国家民众的心目中，全球化逐渐意味着耐克、牛仔衣和 MTV 在世界范围内的胜利。就个案来说，美国对南美电影市场的垄断和控制就很能说明问题。法国著名社会学家弗雷德里克·马特尔（Frédéric Martel）在其《主流——谁将打赢全球文化战争》一书中剖析了美国在文化方面对拉丁美洲的渗透和控制。美国电影占领了巴西电影总票房的 80%，剩余 20% 中大部分也是由这两国合拍的，结果是美国电影在巴西的上座率超过 85%。同样，1997 年，美国电影占欧洲票房收入的 80%，而欧洲电影在美国市场只占据 5%。1999 年《华盛顿邮报》曾刊发一篇题为《美国流行文化渗透到世界各地》的文章，其中透彻指出，"美国最大的出口产品不再是地里的农作物，也不是工厂里的产品，而是批量生产的流行文化产品，包括电影、电视节目、音乐、书籍和电脑软件等"。美国人并不隐讳这种文化渗透，社会学家托德·吉特林（Todd Gitt-lin）就将美国流行文化的传播说成"长久以来人们为实现全球统一而做出的一连串努力中最近的一次行动。它接替了罗马帝国和基督教徒推行的拉丁语以及马克思列宁主义"①。

在当今全球文化产品贸易中，美国始终处于主动的决定性地位，而发展中国家和不发达国家则是处于被动的接受性地位。在这当中，以下一些因素发挥着重要作用。

其一，总体上看，美国是大众文化的塑造者、传播者、引导者和推广者。美国跨国传媒集团与其他国家的大众传媒相比，拥有更多更先进的现代工业技术，更多更先进的营销手段和更多更先进的产业人才，也制造了数目更为庞大的大众文化产品。凭借这些优势，美国跨国传媒集团实现了大众文化产品量的剧增和价格的剧减，由此形成了其大众文化产品的强大竞争能力和扩张能力。可以说，美国引导和推动着大众文化发展的方向与潮流。

其二，美国主导着国际领域有关文化产品的评价标准。许多国际文化大奖受到美国强势文化的操控，以美国主流文化为评判标准，要求获奖的文化产品必须符合其审美标准和取向，遵循其意识形态传统。一些历史悠久的发展中国家有着内涵深厚的文化产品，却常常因为不同的人文传统和创作观念而被西方文化所忽视，得不到应有的承认。如电影奖项奥斯卡奖，虽说它只是美国国内

---

① 赵轩．全球化时代美国文化输出战略研究［D］．吉林大学博士学位论文，2014．

奖项，但却受到各国的广泛关注，而奥斯卡的标准归根结底依然是美国标准。

其三，美国还掌控着文化产业领域内的诸多质量、安全和技术标准。在国际贸易中，这些标准也是一种游戏规则。在文化产品的生产、制造、传输、销售等诸多方面，美国都掌握着其标准的制定权，拥有完备的相关标准体系，有效地掌握市场竞争的主动权。有人说，美国的文化产业就是版权业，而发展中国家拥有自主知识产权的技术及产品很少，核心技术的命脉基本都掌握在美国人手中。他们依靠着这些技术标准，把本国文化产品大肆销往其他国家，占领受众国市场，反过来又用这些标准保护本国利益，阻挡其他国家的文化产品进入，最终使受众国在国际文化产品贸易中只能被动地受制于美国。

其四，英语的广泛使用。语言是文化传递的最基本要素，任何媒介形式都必须通过语言才能发挥"媒介"的功能。因此，语言可以说是媒介之"媒介"。英国经济学家菲利普·勒格兰把英语说成是正在征服全球的美国的另一个出口品。他估计，世界上大约有3.8亿人把英语作为第一语言，2.5亿人把英语作为第二语言，有10亿人正在学习英语，世界上1/3的人口受到英语的影响，到2050年，世界上有一半人口将或多或少熟练地运用英语。英语正在成为世界性的语言。不管是电话、信件、软件、计算机网络资料，还是计算机程序指令，绝大多数使用的也是英语。在全球化时代，美国文化产品得到外国人的青睐和美国文化观念得到广泛传播与英语在国际交往中重要性的日益增长是分不开的。

其五，政府的扶持政策。在外部政策环境上，借助强大的经济和政治优势及在国际组织中的影响力，美国政府利用国际贸易多边规则来推动其文化产品进入国际市场，并提供外贸政策上的保护。如在中国加入世界贸易组织时，美国就坚决要求中国政府保护知识产权、开放文化市场，在与欧洲国家就视听产品的谈判中也要求打破文化领域中贸易保护。在内部政策环境上，美国从资金、市场、就业政策、税收、监督等多个方面为国内文化产业的发展创造条件，营造了文化产业发展宽松、自由的生存环境。

（三）美国对外文化贸易的推进策略

由于文化产品的意识形态性和产业性，在对外文化贸易领域有着不可回避的政策壁垒。各国政府包括发达资本主义国家都会采取不同的措施，来对本国文化产业进行保护。美国就有媒体所有权方面的《通讯法》规定，严格禁止外国人持有广播台、电视台许可证。对于美国文化产业和文化产品对外扩张的推进策略，我们可以从美国政府文化产业政策支持和跨国传媒集团进入各国文化市场的手段两个方面进行讨论。文化利益和文化安全是美国国家利益的重要内容，向世界各国推行美国的价值观和政治制度符合美国的国家利益，这在制定与实施美国文化产业政策的过程中起到了决定性作用，也由此形成了美国文化产业政策对内提倡自由发展、对外积极扩张的宏观格局。美国在文化产业领域一向提倡自由竞争和自由贸易，但并不放弃必要的政府干预。不过，在不同的历史时期，干预的力度和范围有所不同。"冷战"时期，为了对抗苏联，美国政府加强了对文化产业的影响和干涉。"冷战"结束后，在文化产业管理方面则更加重视市场规律的调节和自由竞争，但"9·11"恐怖袭击发生后，美国又开始强化对文化产业的管理，并强调文化产品输出的政策支持，以求扩大本国价值观在世界的影响范围。美国曾是"文化例外论"的发起国，但当美国文化产业发展壮大之后，美国便开始坚决反对"文化例外论"，主张全球文化市场的自由开放。美国也曾在文化产业领域严格约束垄断，但当美国文化企业利益来源趋向国外时，美国就放宽了对文化与信息企业并购的限制。美国随着情况的变化而不断进行政策调整，有力地支持了其文化产业的发展。美国文化产业政策还鼓励其文化产品在全球生产，鼓励其文化产业去国际金融市场获取资本支持，支持跨国文化公司的发展等，甚至把技术和贸易输出与文化输出相结合，采取"配售"方式为文化产品出口寻求机会。美国为全世界的投资者创造了良好的投资环境，提供了优渥的商业机会，鼓励其他产业部门和外国资金进入文化产业。美国是文化产业投资最大、国际文化资本流入最多的国家。

美国还特别重视知识产权保护，从 1790 年美国颁布第一部《版权法》，到 1976 年新修订的《版权法》，这一法律在二百多年间仍发挥着重要的作用。美国对外文化贸易推进策略的另外一个重要问题是跨国传媒集团进入各国文化市场的手段。美国跨国传媒采取典型的商业运作方式，有效地拓展了其文化产品进入各国文化市场的渠道。第一种方式是成立合资公司，以参股或者控股的方式迂回地进入他国市场。如美国在线时代华纳于 2001 年与联想集团宣布组建合资公司，由联想集团拥有该合资公司 52% 的股权，AOL 避开了"不许外资介入门户网站经营"及"不准外资进入电信业"的政策壁垒，巧妙地进入了具有高度成长性的中国互联网市场。第二种方式是通过转让节目播放权收取版权费或换取广告时间展开合作。2001 年，维亚康姆集团与中国民营企业唐龙国际传媒合作，通过节目交换的方式将《尼克知识乐园》节目汉化并引进中国。第三种方式是特许经营商务模式，以自身的品牌和目标国企业合作的形式进入该国文化市场。2001 年，迪士尼与中国海虹控股公司展开合作，2003 年合作终止后，又与搜狐联手，借助网络和手机用户落地中国。此外，还有政策允许范围内的境外卫星电视落地、获得播映权等。可见，全球化时代，美国跨国传媒集团运营过程中的商业策略也为美国大众文化扩张提供了又一关键要素。

第二节　法国的对外文化传播行动

法国对本国政府层面的海外文化推广活动，习惯用"法国对外文化传播行动"一词进行表述。目前，该行动被普遍理解为法国政府主导的在本土以外推广法兰西民族文化的活动，并被法国视为构建国家软实力的重要组成部分。法国的对外文化传播行动的核心内容，是对法国国家的外交策略、法兰西民族的价值观及古今文化成果的推广。

从传播的主体看，法国对外文化传播行动主要指政府层面的，以政府为主导的海外文化传播行动，是一种国家行为，与法国的外交战略息息相关。这种行为既可以是政府直接领导的，如法国外交部组织的文化推广行动；也可以是政府间接领导的，如政府通过法国在海外的文化协会及国有传媒集团进行的文化传播活动。从法国对外文化传播诞生的那一刻开始，该行动就一直牢牢地控制在政府手中，并作为法国外交战略的重要组成部分。从发展历史看，"法国对外文化传播行动"这一概念的形成，有着漫长的演变过程。早在16世纪，在当时法国皇室的授意与支持下，法国传教士就开始进行海外的传教活动，成为法国对外文化传播的开端。但当时是以宣扬普世性的宗教思想为口号，并没有提出"对外文化传播行动"这一概念。直到1958年，文化部的设立标志着法国现代文化政策的诞生。在文化部的领导下，法国涉外文化行动得以被整合，并逐步形成统一的国家文化传播体系。作为整合型文化传播策略的代名词，与"对外文化传播行动"相似的提法也开始频频出现在法国的外交场合。例如，在20世纪80年代，受当时通信技术的限制，法国外交部主要通过向驻外大使馆寄送影像资料，并促使当地广电媒体播出这些声像片段，以实现对外的文化输出。寄送的资料完全免费，且没有版权的限制，可以自由传播。法国称这种行动为"文化扩散行动"。1984年，法国外交部在《对外文化传播计划》中明确提到："必须恢复法语及法国文化在过去的辉煌地位，必须促进国内教学机构对文化精英的培养，必须加强和别国的科学技术合作，以此向世界传播法国的现代形象和促进法国的对外贸易。"该文件是当代法国对外文化传播行动的纲领性文件，是对新时期法国国际文化传播的任务和模式的精辟概括。进入21世纪，在法国政界及文化界的努力下，该国对外文化传播的方略及理论得到不断完善并形成体系，"法国对外文化传播行动"这一称谓开始大量运用在参议院及外交部的正式文件中，并被大众传媒广泛引用，成为新时期法国海外文化行动的代名词。法国对外文化传播行动有较长的时间跨度，现代法国对外文化传播的时间节点可以设置为法兰西第五共和国成立以来的对外文化传播行动①。

法国对外文化行动从多个角度多层次加强法国文化的对外传播。

首先是支持海外法语文化教育。根据 2012 年的数据统计，目前全球有 23.5 万名学生在 400 所法国教育部认可的海外法语学校就读；法国每年有 100 万册图书销往国外；法国每年在国内外组织 13000 次文化活动。

其次是对视听节目国际传播的支持。以电台和电视台为代表的对外视听传播系统是法国对外文化传播最重要的媒介，受法国外交部的领导及资助。在法国政府的倾力打造下，法国广电媒体的传播网络不断扩张，在世界传播格局中的话语权得到提升，在全球有着庞大的受众群体。如法国电视 5 台（TV5）已成为法语世界第一大电视台，1.59 亿用户可以收看到该电视台的节目；法国国际广播电台（RFI）在全球有 4000 万固定听众。

再次是对国际学生及研究人员交流的资助。资助的方式包括奖学金、对目的地国家法语教育机构的扶持、在海外设立专门的教育交流推广机构及促进法国与外国的科研合作等。法国政府的具体行动包括：向 170 个国家提供 2 万个奖学金名额；对 181 个大学的法语系进行支持，受惠的法语专业学生超过 16000 人；在 45 个国家设立 75 个法国教育协作署，以促进法国高等教育的海外推广；在 55 个国家实施 55 个科研合作项目，并每年在世界范围内资助 1 万个科研子项和 150 个考古项目等。

---

① 雷菲．文化媒介与国家使命——现代法国对外文化传播研究［M］．武汉：武汉大学出版社，2014.

最后是对外文化援助行动。该行动主要指针对与法国友好的第三世界欠发达国家的文化援助。为此，法国财政部设立专项资金，大力支持外交部及法语国际组织的海外帮扶行动，提升落后地区的文化、教育及科技水平。目前，法国政府资助的700个援助计划、法国外交部开展的320项援助计划及法国国际组织进行的大约300项帮扶计划正在实施。2012年，有超过2000名法国技术人员及400名志愿者在海外进行国际合作及提供咨询等行动。

从上述四方面可见，法国对外文化传播行动的覆盖面有一定的广泛性及层次性。法语推广是文化行动的基石，视听传播媒介是行动的主要传播载体，双向的交流及互动是行动开展的重要模式，对他国的文化援助则是行动的延伸，这些充分彰显了法国"文化大国"的情怀。

第三节　国内对外文化传播的经验借鉴

一、中国古代的对外文化交流

几千年来，中国古代文化的丰富和发展一直伴随着与域外文化的碰撞和交流。中国文化通过不断"走出去"，一方面把自己先进的物质、精神和制度文化传播出去，另一方面积极吸收域外文化的优秀成果和特色为自己所用，在广泽四方的同时实现本国文化的不断更新和进步。古代对外文化交流史，正是中国文化兼收并蓄、丰富壮大的历程。从这个历程中，我们不仅可以看到古代中国在文化对外交往中的巨大成就，也能够看出中国人民在对外文化交流中的智慧和勇敢。这里体现出的勇于探索的精神、海纳百川的胸襟、德被四方的情怀与和平共处的气度正是中华民族性格的集中写照。本节试选取中国古代不同时期对外文化交往的几个著名案例，来分析中国古代对外文化交往的成就与特点。

（一）张骞出使西域

张骞（前 164 年至前 114 年），西汉汉中成固（今陕西省城固县）人。他奉汉武帝之命，肩负重任，先后两次出使西域。第一次从汉武帝建元二年（前 139 年）至元朔三年（前 126 年），长达 13 年。第二次从武帝元狩四年（前 119 年）至元鼎二年（前 115 年），历时 4 年。公元前 139 年，张骞以郎官身份应汉武帝招募，第一次出使西域。这次出使的目的是联络大月氏夹击匈奴。虽然联盟抗敌的政治目的没有达成，但是却了解了西域地区的政治、经济、地理、风俗等情况，这对打通中西文化交流通道是一次十分宝贵的尝试。公元前 119 年，张骞以中郎将的身份率领人马众多的使团开始第二次出使西域。与乌孙国开始通使，同时派遣副使分赴大宛、康居、大月氏、大夏、安息、身毒等国访问，于公元前 115 年返抵长安，先后历时 4 年。从历史功绩的角度来看，张骞出使西域开通了陆上中西交通、打破了东西方文明的隔离状态，促进了中外经济文化交流，同时使汉朝政府改变了原先对西域状况模糊不清的认识，开创了中国与西域各国睦邻友好、和平相处的国际格局。由于张骞积极带头开发，促进中原与西域诸民族贸易交往，从而打开了"丝绸之路"，司马迁热情地赞誉开辟中西通道的壮举"由骞凿空"。张骞出使西域，除了当时在政治上达到了孤立匈奴、经济上开通了中西贸易、文化上促进了交流互鉴的成就之外，其流芳千古的名声更在于作为一位杰出的外交家，他通过自己的言行集中体现出中华民族的精神和品格，在国际交流十分贫乏、民族之间往往兵戎相见的时代，为大汉王朝树立了良好形象，促进了西域各国对中国的崇敬和向往，产生了巨大的软实力效果。

首先，张骞具有深远的战略眼光。汉武帝派人出使西域，其目的就是为抗击匈奴寻找战略伙伴，第一个目标就是与匈奴有血海深仇的大月氏。虽然张骞首次西行由于受到匈奴的长期扣押，时过境迁之后大月氏已不思复仇，没有达到结盟的目的，但是张骞却用心了解了西域地区的政治、经济、地理、风俗等情况，并于元朔六年（前123年）随卫青征讨匈奴，运用其对西域地理的熟悉使得汉军能够找到水草之处，从而立下大功。数年之后，随着汉军对河西走廊的占领和对匈奴的节节胜利，汉武帝又将通西域之事提上日程而召见张骞。张骞鉴于当时乌孙已是占据天山以北、巴尔喀什湖以东以南的强大势力，便向武帝提出联合乌孙以彻底击败匈奴的建议。"今诚以此时厚币赂乌孙，招之易东，居故浑邪之地，与汉结为昆弟，其势易听，听则是断匈奴右臂也。既连乌孙，自其西大夏之属皆可招来。"在实现对乌孙国的通交之后，张骞还注重广交朋友，多结盟国，"多持节副使，道可使，使遣之他旁国"。其后岁余，"骞所遣使通大夏之属者，皆颇与其人俱来，于是西域始通于汉矣"。这些西域使臣亲眼看到了汉朝的繁荣和强大，回国后致力于本国与汉朝建立关系，加强了汉朝与西域的交流，促进了民族融合和经济文化发展。

由此可见，张骞出使西域开通了陆上中西交通，打破了东西方文明的隔离状态，促进了中外经济文化交流。由于张骞积极带头开发，促进中原与西域诸民族贸易交往，从而打开了"丝绸之路"，同时使汉朝政府改变了原先对西域状况模糊不清的认识，在国家需要的时候，在外交上主动出击、广交朋友，开创了中国与西域各国睦邻友好、和平相处的国际格局。

其次，张骞坚韧不拔的意志、有礼有节的品格，集中体现了中华民族的精神，塑造了外交使节的典范。通往西域的路途可谓万里长征，关山险阻。"平沙无垠，夐不见人，鸟飞不下，兽铤忘群。""在西州高昌县东，东南去瓜州一千三百里，并沙碛之地，水草难行，四面危，道路不可准记，行人惟以人畜骸骨及驼马粪为标验，以其北道路恶，人畜即不约行，曾有人于碛内闻人唤声，不见形，亦有歌哭声；数失人，瞬息之间不知所在，由此数有死亡。"在如此险恶的自然环境中，历经 13 年能存活下来已属奇迹。初时的百余人使团中，最后剩下的只有张骞与堂邑甘父两人。首次出使在经过匈奴地界时，张骞一行遭到了软禁，匈奴单于还为张骞娶妻成家，企图诱使他投降。但张骞在如此艰难困苦的境地之下仍然坚贞不屈，始终不忘使命，苦等 11 年终于伺机逃脱，继续完成其西行的任务。司马迁在《史记》中赞扬张骞"持汉节不失"，正是对其民族气节的充分肯定。在第二次出使时，张骞到达乌孙国，乌孙国国王态度傲慢，礼数不周，张骞对此绝不妥协，坚持要求乌孙国国王拜谢汉朝天子所赐厚礼，否则便收回礼物。"天子致赐，王不拜则还赐"。张骞在孤军深入的情况下毫不委曲求全，保全了大汉的国格，弘扬了大汉的国威。然而在谈及战略合作之时，则主张汉乌两国"结为兄弟，共距匈奴"，以平等的身份进行结盟，并无尊卑之分。这种有礼有节的外交方式，不仅在当时产生了良好效果，而且成为中国对外交往的典范，塑造了中国平等外交、自主外交的传统，彰显了一个大国的气度与尊严。

最后，张骞在与西域各国交往时注重讲信修睦，赢得了良好的口碑，为后世与西域的联系打下了良好基础。作为外交使节，以诚待人是重要的品德。在古代交通不便的情况下，要建立起国与国之间的信任关系，从而发展友好关系，使节的品行和信誉发挥着重要的作用。《汉书》说："骞为人强力，宽大信人，蛮夷爱之。"可见张骞为人坚强有力，宽宏大量而诚实有信，所至各国都敬爱他。由于他在西域各国的崇高威信，后来出使西域的使者也都打着"博望侯"的旗号，"诸后使往者皆称博望侯，以为质于外国，外国由足信之。"同时，张骞本着睦邻友好的方针与各国发展关系，促进汉朝与各国经济贸易的往来。自张骞通西域之后，中国的丝绸、漆器、铜镜等物品和冶铁、凿井、造纸等技术逐渐传至西域；而西域的产物如汗血宝马、鸵鸟，农作物如葡萄、苜蓿、黄瓜、石榴、芫荽、胡桃等输入中国。在精神文化方面，西域的音乐和舞蹈、波斯的美术、印度的佛教等不断传入中国，大大丰富了中国和西域各国的物质生活和精神文化。可见，正是在张骞的努力之下，中国和西域建立了良好的信任关系与和平共处的共识，从而促进了双方的互利共赢。这种讲信修睦的外交理念，为中国继续与西域和其他地区发展友好关系，以及后世的著名外交家如班超、甘英等继承张骞的使命、传承中国与西域民族的友谊奠定了良好基础①。

（二）日本遣使赴唐

隋唐是古代中国一个鼎盛繁荣的时期，其先进和文明程度使得中国在世界上享有很高的声誉。尤其是强大和统一的唐朝（618～907 年），不仅以经济繁荣、国力雄厚著称于世，而且以其兼收并蓄、开明昌达、善交友邦、开放自信的文化彪炳史册。唐朝拥有一批政治开明、德才兼备的君臣，一改"自古皆贵中华，贱夷狄"的偏见，极为重视与兄弟民族及四方邻国的和睦相处，对华夷一视同仁。唐朝实行的一系列对外政策和措施以及由此而形成的对外开放格局，形成了四海宾客汇聚长安的盛况，把古代中国的对外交往推到顶峰，当时有七十多个国家与唐朝有政治交往和经济文化交流。

唐朝的对外交流是多层次多方面的，既包括以使节往来为代表的官方政治交往，也包括陆上丝绸之路和海路交通支撑的与各国的商贸往来；既包括农产品和工业技术的交流，也包括音乐、舞蹈、美术等艺术形式的互鉴；既有唐朝对各国制度律法的输出，也有外来宗教如祆教、景教、伊斯兰教的传入。在丰富多元的对外文化交往形式中，日本向中国派遣遣唐使是较为显著的一个例子。它不仅集中体现了唐朝先进的文化对周边国家的强烈吸引力，也展现出中国在开放友好的文化心态之下，对其他国家发展进步的巨大贡献

① 刘英英．汉唐丝绸之路农牧民俗文化交流研究［D］．西北农林科技大学硕士学位论文，2015.

和影响力。公元 7 世纪初，日本圣德太子摄政，开始恢复 5 世纪末以来中断的中日邦交，并开始不再假手朝鲜半岛直接向中国派遣使节以及留学生、学问僧等。日本的遣隋使制度正式确立。隋朝 38 年间，日本共派遣遣隋使四次。遣唐使是遣隋使的延续和升级，从唐贞观四年（630 年，日本舒明天皇二年）开始，一直延续到唐乾宁元年（894 年，日本宇多天皇宽平六年），前后长达 264 年之久①。

中日两国以遣唐使为主要形式，开展了人类历史上罕见的、空前规模的文化大交流。

1. 遣唐使的发展阶段和主要使命

国内主流观点认为遣唐使的发展可分为四个阶段：630～659 年为第一阶段，665～669 年为第二阶段，702～752 年为第三阶段，777～838 年为第四阶段。

日本派遣遣唐使，是与日本当时的国内形势和朝鲜半岛局势密切相关的。第一阶段正值日本大化改新时期，亟须从唐朝学习政治制度和建立中央集权的经验；另外，由于当时朝鲜半岛局势进展，日本也期望通过遣唐使的活动，了解唐朝的军事情况并参与政策协调。第二阶段是在朝鲜半岛高句丽和百济灭亡之后，日本看清了形势，迫切希望与唐朝修复关系，摆脱被孤立地位的局面下展开的。第三阶段的 50 年中，唐朝经过近百年的发展，国力达到鼎盛时期，日本这一阶段的遣唐使以全力吸收唐朝文化为使命，将他们称之为"文化使"也不为过，日本的奈良时代可以说是唐化时期。第四阶段遣唐使是在安史之乱之后派出的，此时的日本经过前几个阶段的学习已经基本上输入了完整的唐朝文化和制度进入消化和创立国风文化阶段。因而这一时期的遣唐使，根据现有的资料，主要任务是劝导和迎回滞留唐朝的日本学者、学问僧和留学生，吸收

---

① 贺茹. 唐代丝绸之路中对外文化交流研究 [D]. 西北农林科技大学硕士学位论文，2014.

文化和朝贡贸易已降至次要地位。

2. 遣唐使的历史贡献

遣唐使的主要使命是将唐文化引进日本国内以促进本国文化和社会的发展，但是他们同时也促进了中华文化的发扬光大。遣唐使往来大唐和日本往往历尽千辛万苦，在海上战狂风顶恶浪，许多人献出了生命。他们这种对唐文化的执着热爱和进取精神激励着后世的中日人民。再者，日本人以其对中国文化深入的钻研精神和特殊的敏感性，能够迅速将中国文化中最精华核心的部分提取出来并加以改良和本土化，这也使得中华文化在异国他乡实现了去粗取精，并延续至今。

首先，促进了中日两国关系的发展。公元 663 年，唐和新罗联军在朝鲜半岛的白村江大败日本和百济联军，百济灭亡，日本势力退出朝鲜半岛。在这种情况下，日本审时度势，积极与唐朝改善关系，遣唐使的派出就是重要的手段。如公元 665 年，日本为答谢并送还访日的中国使团，向唐朝派出第五次遣唐使；公元 669 年，日本又以祝贺唐平高句丽为名，派遣第六次遣唐使来中国。这些遣唐使的到来大大提升了日本在中国对外关系格局中的地位，为两国关系发展奠定了基础。起初的遣唐使数量不过百余人，后来发展到每次约五百余人，使团包含各方面人员。他们来到中国之后就在各自的领域深入中国社会的各个层面学习，使两国交往的民间基础更加扎实。一些著名的遣唐使，如阿倍仲麻吕（汉名晁衡）不仅与大诗人李白、王维等建立了非常亲密的友谊，而且受到唐玄宗的重用，在朝廷为官多年。这说明遣唐使以其丰富的汉学知识和长期本土生活，已经充分融入了中国文化和主流社会，对中国怀有深厚的感情。当他们回国之后，致力于日本与中国友好关系的发展，在各个方面大力推行中国文化，有力地促进了两国关系的发展。

其次，大力推动了日本文化的进步。日本因其本土文化的薄弱，从早期便有向强国学习的传统。日本国土偏居海上一隅，独特的地理位置使日本形成了时隐时出的习惯，在开放时期学习了他国优秀文化之后，日本往往封闭起来进行长时间的消化吸收，将其融为自己的文化。从这个角度来看，日本派遣遣唐使和留学生、学问僧，正是出于国家发展的需要而如饥似渴地学习中国文化，无论是政治制度、法律体系、文学艺术、天文历法还是农业、医学、建筑、算数、服饰、饮食等各方面都从唐引进，使整个社会全盘唐化。正如郭沫若先生所说："把中国的文化，各种上层建筑的意识形态，差不多和盘地输运了去。"从最初的遣隋使到最后一批遣唐使，前后历经两百余年。据现代中日史学家考证，日本正式派出遣唐使达 19 次之多。经过一代代遣唐使的不懈努力，日本社会从奴隶制末期飞速发展为拥有较为完整制度的封建社会，这个过程离不开先进的唐文化的滋养。

最后，为后世中日关系的发展留下一段佳话。一代代遣唐使不畏艰险来到中国，许多人将毕生精力都用于学习唐文化，甚至宁愿埋骨中国；有的在来路或归途中遭遇海难，为两国文化发展献出了宝贵生命；而如阿倍仲麻吕、吉备真备等优秀的遣唐使，他们因出色地完成使命并为两国文化交流做出杰出贡献而受到唐朝皇帝的礼遇和两国人民的爱戴。阿倍仲麻吕于公元 717 年来到中国，770 年卒于长安，在华 53 年。他于国子监太学毕业后一举考中进士，卒业后长期在朝为官，历仕玄宗、肃宗、代宗三位皇帝，备受厚遇，官至客卿，荣达公爵。为了纪念阿倍仲麻吕在中日文化交流史上的巨大贡献，1978 年，中国西安市和日本奈良市协议在两市各建一座阿倍仲麻吕纪念碑，供后人瞻仰和缅怀。时隔一千多年之后，遣唐使作为一个特殊时期的文化符号，仍然在两国人民心中占据重要的位置。它时刻提醒中日两国人民作为邻邦的一衣带水之情，激励后世的学者不懈地为两国文化持续交流而努力。

3. 遣唐使现象折射出的中国文化精神

遣唐使不远千里来到中国，学习唐朝的文化促进本国（日本）的发展，这个过程不仅体现出中国文化在当时的先进性，更折射出中国对于外来学习者的开放和友好精神。如果没有这样一种胸襟做支撑，那么遣唐使在中国的学习就不会如此顺利，更不会如此深入。可以说是我们文化中特有的包容性与和平性，促成了古代文化交流史上这一段佳话。

（三）郑和七下西洋

1. 中国海洋文化概述

在中国漫长的封建社会中，农耕文明是中华文明的主要特征。农耕文明的特点包括安土重迁、崇尚传统、本分保守、吃苦耐劳、注重秩序与和谐等。可以说，中国传统儒家文化正是在以农耕为主要生产方式的社会基础之上形成和发展的。然而，在这条主流文化之外，另一种文明也在中国古代历史长河中时隐时现。在国力强盛的时代它显赫一时，在中原混乱或国运不济之时它又沉寂下去，这就是中国的海洋文化。海洋文化是指一个国家、地区或民族在开发、利用和管理海洋过程中所体现的精神、价值、理念的总和。具体表现为人类对海洋的认识、观念、思想、意识、心态，以及由此而产生的生活方式。中国古代的海洋文化虽然就其整体来看并不突出但源远流长，在若干历史时期也曾书写过辉煌的篇章。

与农耕文化不同，海洋文化代表着开放、冒险与征服精神。古代中国作为东方的一个大帝国，在其不断崛起和扩张的过程中，主流农耕文化之外的开拓和进取必然是不可缺少的。面对漫长的海岸线，先民们很早便开始了尝试。从秦始皇巡海、徐福东渡到汉代开辟海上丝绸之路，再到宋元时期海上贸易的空前繁荣，中国人对海洋的认识也在不断深化和扩展。从总体上看，随着时代和社会的发展，中国的海洋观在不断地成熟，视野也在不断地开阔。中国古代的海洋文化大概可以分为三个时期。

一是初始时期。从秦灭六国到秦末战乱的这段时间，数万中国人为躲避战乱和徭役从海上逃往朝鲜半岛，秦始皇在位时曾数次在海滨巡视；汉武帝为进一步扩张组建了一支强大的海军，向东攻打卫氏朝鲜并设立"汉四郡"，向南打通了第一条海上贸易航线——印度洋航线，后来在此基础上开辟了一条经南海，过马六甲海峡，入印度洋，至波斯湾、阿拉伯半岛以及非洲东海岸，联系亚欧非的国际商道"海上丝绸之路"。

二是繁盛时期。两汉至唐代，中国的对外交通以陆上丝绸之路为主。入宋以后，随着全国经济重心的南移，东南沿海地区经济日益发展。特别是到南宋偏安江左之后，中西陆上交通几乎断绝而海路交通空前发达，海上贸易成为国家重要的财源。同时，由于统治者积极推动对外航海贸易，以求"不唯岁获厚利，兼使外蕃辐辏中国，亦壮观一事也"。加上造船工艺的进步和指南针的发明，成就了这一时期海上丝绸之路的繁盛。

三是巅峰及衰落时期。元朝至明初是中国古代海洋文化的巅峰时期。元代以其空前的疆域和强大的国威为支撑，继续保持航海事业鼎盛的发展势头，达到所谓"古代中西交通史之极"的地步。在宋代的基础之上，元代的海上贸易范围有了进一步发展。东线达日本、高丽，南线抵南洋诸国以及印度半岛，西线连接中亚、波斯、阿拉伯半岛，直至地中海东部以及东非沿岸。可以说，13～14世纪，中国帆船叱咤南印度洋和中国之间的宽广海域，郑和七下西洋的壮举正是在这种海上交通十分发达的背景下完成的。郑和下西洋既是中国古代航海史上的巅峰之作，其完成也意味着中国古代海洋事业的衰落。郑和最后一次远航之后，明朝即颁布了禁海令，中国进入闭关自守的时期①。

2. 郑和下西洋的中外文化交流

郑和（1371～1433年）是中国历史和世界历史上伟大的航海家。明成祖朱棣实行对外开放政策，海上丝绸之路空前繁荣。在此背景下，郑和从永乐三年（1405年）到宣德八年（1433年）的28年间，连续七次统帅巨型舰队、27000多名官兵，"云帆高张，昼夜星驰""维艄挂席，际天而行"，渡南洋、过印度洋，达红海，航程总计万海里，历经东南亚、南亚、西亚和东非的三十多个国家和地区，并与这些国家和地区建立了和平友好关系，进行经济文化交流。

（1）物质文化的交流。

15世纪初，东南亚、南亚许多国家与中国相比仍十分落后，文明程度较低。据史书记载，郑和船队通过赏赐、贸易等方式输入东南亚的物品包括丝绸、青花瓷器、麝香、茶叶、漆器、铜钱、金、银等，其中以丝绸、瓷器为大宗，因携带大量珍奇宝物，郑和的船队被称为"宝船"，"宝船"所经之处使南洋各国人民广泛接触到中华物质文明，在饮食、衣着、日用等各个方面得到了极大的丰富。同时，当时中国发达的工业制品及生产技术也通过船队被带到了东南亚和南亚，促进了当地经济的发展。除了输出物品之外，郑和也把东南亚丰富的物产带回国内，如各种名贵的香料和香药。丁香、豆蔻、胡椒等特产是中国百姓日常生活不可缺少之物，正所谓"夷中百物，皆中国不可缺者，夷必欲售，中国必欲得之"。因此，郑和船队从南洋购买和采集大量奇香异药，"由是明月之珠，鸦鹘之石，沉南龙速之香，麟狮孔翠之奇……皆充舶而归"。由此可见，郑和下西洋把当时中国先进的物质文化成果带到东南亚，大

---

① 李彤彤. "一带一路"中的文化交流研究［D］. 中国艺术研究院硕士学位论文，2015.

大促进了当地的经济社会发展。同时，南洋珍奇特产一方面丰富了中国人的生活，另一方面也引发了东南沿海人民下南洋寻宝创业的巨大热情。

（2）制度文化、精神文化的交流。

制度文化方面，郑和在访问满剌加、占城、暹罗、爪哇、渤泥等国之时，奉命进行"颁诏"，将明朝冠服赐予当地酋长，同时主持"施恩封泽"仪式。如永乐七年（1409 年），郑和奉命赐满剌加头目，建碑封城，建立满剌加国，部落头目正式成为一国之君。除主动颁赐之外，还有些东南亚国家主动要求颁赐。如永乐四年（1406 年）渤泥使臣访问明朝，主动请求成祖："远夷之人，仰慕中国衣冠之礼，乞冠带还国"，成祖"嘉而赐之"。明成祖在谈论下西洋之事时明确指出："恒遣使宣教化于海外诸藩国，导以礼义，变其夷习。"可见以颁赐冠服宣示中国的核心地位并教化远夷诸国，通过制度上的同化将之纳入自己的统治秩序，是明朝统治者使人远航各国的主要目的之一。通过颁赐冠服，明朝将中国的文物典章礼仪输入了原始蒙昧的国家和地区，促使其向文明社会飞跃。郑和还直接或间接帮助各国建立健全国家制度、利益制度和法律制度等。与此同时，郑和本着"敷宣教化"的旨意，周游南洋诸国之时，宣讲大明德政，抚慰士人，传授先进技术和医学知识，发展交通等，获得了当地百姓的仰慕和崇拜，大大提升了中国的威望和国家形象。

精神文化方面，郑和促进了回教和佛教在东南亚的传播和弘扬。著名明史学家吴晗认为，明朝选派郑和出使西洋，正是因为郑和具有回教徒和佛教徒双重身份，在许多信仰回教的南洋国家，郑和这一身份有利于减少隔阂、促进沟通。此外，郑和在航行过程中，通过适时地使用武力，有效地清除了中国东南沿海和东南亚地区的海盗之患，完全打通了海上丝绸之路，为各国人民造福。正因为郑和"宝船"给东南亚各国带来了物质上、安全上、文化上和制度上的巨大福祉，东南亚人民才把郑和船队视为上帝的福荫，把郑和封为神灵，顶礼膜拜至今。这正是 15 世纪中国海外软实力的最好写照。

二、进入 21 世纪以来中国对外文化战略的实践

21 世纪以来，中国越来越重视文化的国内建设与对外传播，尤其是随着中国国力的日益增强和国际影响力的巨大提升，发展国家文化软实力、改善中国国际形象等目标已经成为中国在新历史阶段的重要战略任务。在第四章总结新时期党的文化观转变和提出对外文化战略构想的基础上，本章的主要任务即是对在新的发展理念指导下中国对外文化战略的实践成果进行归纳与分析。21 世纪以来，中国多管齐下，从文化交流、文化贸易、语言文化教育等各个方面综合提升中国的对外文化交流水平和文化软实力，因此下面将分别从政府主导的对外文化交流活动、21 世纪十五年来的对外文化贸易和对外文化战略视域下的留学生教育几个视角进行论述，总结其主要成就、分析其特点及战略作用。

（一）政府主导的对外文化交流活动

对外文化交流既是中国社会主义文化事业的重要一环，也是国家整体外交工作的重要组成部分。进入 21 世纪以来，随着中国综合国力的提高和国际影响力的扩大，党和国家对涉外文化交流活动给予了更多重视，从战略高度对文化"走出去"进行了定位：推动中华文化"走出去"，是增强国家文化软实力、在综合国力竞争中赢得主动的迫切需要，是营造良好外部环境、塑造良好国家形象的战略选择，也是促进各国文化交流互鉴、维护人类文明多样性的必然要求。近年来，我国政府主导的对外文化交流活动具有以下特点：

首先，始终围绕国家的外交路线和工作重点展开，与政策方针紧密配合。通过研究历年来的重要对外文化活动发现，有个显著的特点是对外文化交流活动主动配合国家重大外交活动，为双边关系注入文化内涵。如 2013 年全年文

化部配合中央和部领导参与各类高访和出访约 35 次，接待外国政府文化代表团 32 起；2012 年配合中央和部领导参与各类高访和出访约 38 次，接待外国政府文化代表团 84 起；文化部外联局在配合国家重大外交活动方面主动出击，如奥运会、世博会期间举办一系列有针对性的文化活动，将对外文化工作纳入国家整体外交大格局，以文促政，以政通文，对外文化活动与总体外交的各项部署相得益彰。可以看到，除出访交流、在国外办"中国文化节"之外，与友好国家互设"文化年"也是近年来一项重要的对外文化交流形式，目前中国已经在法国（2003 年）、俄罗斯（2007 年）、意大利（2010 年）、土耳其（2011 年）、德国（2012 年）、东盟国家（2014 年）成功举办了"中国文化年"活动，并相应承担了对方在华文化年的各项工作，此举有力地促进了中国与上述国家关系的发展，增进了人民间的感情。

其次，大国是关键，周边是首要，发展中国家是基础的外交布局也明确体现在对外文化交流中。首先全面推进同各大国的关系，中国文化代表团历年来与美国文化机构保持密切联系；与俄罗斯、法国、德国及其他欧盟国家的交流也十分频繁。近年来中国通过"中非文化聚焦活动""中非文化部长论坛"等形式加强了与非洲国家的文化关系，增强国家软实力。近年来，中国更加重视周边外交，除了通过每年举办"亚洲文化节"增进与亚洲各个国家的文化关系之外，2014 年起中国有意识地加强周边外交，开启"一带一路"建设并成功举办了 APEC 峰会，在这两大外交举措之中都充分融入了文化交流的元素，促使文化助力中国特色大国外交，为改善周边环境、增进良好氛围做出贡献。可以看出，中国的对外文化交流活动具有明确的目的性和层次性，国家的外交布局、方针路线始终是贯穿其中的主线。

再次，文化活动的设置方面注重时效性与连贯性的统一。对外文化活动的时效性主要体现在与重大外交事件的配合方面，如 2008 年，文化部适时推出了"2008 年北京奥运会重大文化活动"，分为国内与国外两大部分展开，从

3月开始至9月结束，举办了奥运会有史以来规模最大、水平最高、影响最广、持续时间最长的奥运文化活动。此外，如2009年纪念中美建交30周年、中俄建交60周年、2010年中印建交60周年、2012年中德建交40周年、中韩建交20周年等重要时间节点，都伴随着有针对性的文化纪念或庆祝活动，以达到在特殊时段加深与对象国关系的外交目的。某些文化活动或文化品牌的连贯性也是值得关注的方面。比较典型的例子有"春节文化品牌活动"、"相约北京"联欢活动和"亚洲文化节"等连续举办了十年以上的对外文化交流项目。这些每年开展的文化品牌活动经过数年的发展已经积累了丰富的经验，形成了各自的特色和传统，在中国文化的传播和中外文化交流方面起着重要而持久的作用。

作为面向海外的文化传播活动，"春节文化品牌"自2001年首次推出之后在海内外反响热烈，此后每年定期在中国传统春节期间举行，许多驻外使领馆和中国文化中心充分利用条件、整合资源，在春节期间主动且有计划地开展面向驻在国主流宣传中国的传统文化活动，取得了良好效果。过去每年的春节文化品牌都会选取几个世界著名城市进行重点推出，并带动其他地区。从2010年起，春节文化品牌升级为"欢乐春节"活动，进一步扩大规模和辐射面，成为中国文化"走出去"的重头部队。文化部积极协调中央其他部门与有关团体进行统一部署，全面覆盖亚洲、欧洲、美洲、非洲和大洋洲，开展为数众多的专题活动，达到遍地开花的效果。如2013年的"欢乐春节"活动共涉及385个项目，在世界上99个国家的251个城市举办，另有一百多个驻外使馆、文化中心，上百家海外中资企业参与，吸引了约3500万海外民众和华人华侨，得到了2000多家海外媒体的正面报道，在世界范围掀起"中国热"。作为立足国内的对外文化交流活动，"相约北京"联欢自2000年设立以来，每年定期于4月下旬至5月下旬在北京举行，持续一个月左右，迄今已举办了十四届。联欢活动包括来自世界各国的艺术团体在京演出，同时举办与该年度重大外交活动有关的文化节、文化周或展览等，是每年春季的一场内容多样、含义丰富的文化盛宴。如 2014 年第十四届"相约北京"联欢活动有来自世界各地的 33 个国家和地区的 22 个大型表演艺术团体、190 个流行乐队，奉献 60 场剧场演出和 220 场户外演出。因 2014 年适值中法建交 50 周年，因此在联欢活动开幕式上同时举办庆祝"中法建交 50 周年"音乐会，达到了艺术与外交的完美融合。此外，亚洲艺术节、中国文化聚焦、上海国际艺术节等品牌活动也每年定期开展，并发挥其各自的优势，起到了传播中国文化、促进中外文化交流的作用。

最后，双边与多边并举、政府与民间互动。21 世纪以来，在中国双边外交取得了诸多成就、文化交流不断深入的同时，多边外交在外交布局中的分量也日益加重，中国在国际多边文化舞台上的作用也日益显著。近年来，在中欧、中阿、中非、东盟 10 + 3、上合组织等区域多边政府合作机制的框架下，中国举办了一系列有针对性的区域内文化活动，增进了区域内国家间的文化交流、民间感情和政府间互信。此外，还通过举办各类国际比赛、文化艺术节，积极参与文化方面的国际会议，加强与国际组织的合作关系等，进一步促进中国的国家形象和文化影响力的提升。自 2000 年"中非合作论坛"建立以来，中非关系进入新时期。宣传中非政治上的平等互信，协助经济上的合作共赢，落实文化上的交流互鉴，是新时期对非文化工作的三大使命。为落实《中非合作论坛北京行动计划（2007～2009 年）》，中国与尼日利亚、喀麦隆、坦桑尼亚等多国签订文化合作协议，推进地方和民间开展对非交流，取得了诸多成果。与阿拉伯国家方面，在"中阿合作论坛"框架下，中阿双方于 2008 年初确立了中阿互办艺术节机制。该机制是在论坛框架下中阿在文化领域建立的首个合作机制，它的确立是近年来对阿文化外交工作取得的一项突破性成果。上海合作组织作为中国主导的区域性国际组织，从最初的安全合作组织已经发展成为在政治、经济和人文领域开展全面合作的国际平台，中国近年来通过积极参加上海合作组织框架内的多边文化活动，以之为平台努力扩大中国在该地区的文化影响和文化存在。如 2008 年参加上海合作组织成员国文化部长第五次会晤和第五届艺术节演出活动，组织上合组织文化官员访华班。2010 年 10 月，为配合庆祝中欧建交 35 周年及中欧领导人会晤，中国和欧盟领导人共同倡议、中国文化部和欧盟委员会联合主办了首届"中欧文化高峰论坛"，促进跨文化与跨主体间的文化交流与交融，成为中欧文化交流史上的一大创新。中国与东盟建立对话的二十多年来，从官方到民间，中国与东盟之间在文化产业、节庆会展、语言教育培训等方面合作频繁，文化交流领域不断扩大。2011 年是中国与东盟建立对话关系 20 周年，双方举办了一系列文化纪念交流活动，并在第 8 届"中国—东盟博览会"上举办"中国—东盟文化产业论坛"，加强文化贸易合作。

此外，近年中国在对外文化交流中坚持官民并举，发挥对外文化交流协会的作用，积极配合国家文化外交的整体需求，大力促进民间文化互动，展开了一系列对外文化交流工作。2007 年对东欧国家的文化交流中，针对独联体、波罗的海和南斯拉夫一些国家经费不足、难以完成官方交流计划的情况，中国借助民间力量，促成广东、天津、沈阳、重庆的艺术团体分赴白俄罗斯、马其顿、保加利亚和波罗的海三国的国际艺术交流活动，收到良好效果。这种借助民间资源展示中华优秀文化是中国与小国开展文化交流应努力发展的一个方向。2008 年对外文化交流协会派代表团出访两次、艺术团出访八次；接待代表团来访四次、艺术团来访一次；交流人员达数千人次，交流对象涉及数十个国家。并且在"5·12"汶川特大地震后，为答谢国际援助，推动民间举办了义演活动。2010 年，对外文化交流协会召开理事大会，进一步充实组织，扩大力量。

（二）进入 21 世纪以来的对外文化贸易

扩大对外文化贸易、促进文化产品出口是新时期提升中国文化世界影响力和竞争力的有力手段。可以说市场规律指引下的对外文化产业与政府主导的对外文化事业是中国文化"走出去"的两个轮子，两者缺一不可。国家已充分认识到，文化产品"卖出去"比"送出去"效果更好。现在，世界主要国家普遍采用贸易和投资的方式，推动本国文化"走出去"。随着全球文化产业的兴起和大发展，一个国家的文化产品能否成功地跻身世界文化市场、能否体现出本国文化的特色与优势，不仅关系到国家软实力的建设、经济发展方式的转变和产业结构的升级，而且直接关系到一国面对未来国际竞争的能力。

中国在 21 世纪初期开始加强对对外文化贸易的重视和投入。文化部外联局 2004 年开始设置"国际文化经济处"，制定并下发了《指导对外商业演出和文化产品出口的各项工作》。2005 年，为了尽快改变中国对外文化贸易巨额逆差的状况，出台了《文化部关于促进商业演出展览文化产品出口工作的通知》和《商业演出展览产品出口指导目录管理办法》，并评出十个 2005 年度指导项目和八个 2006 年度指导项目，力争在短时间内培育出能够在国际上打响的文化出口项目。同时编写《国际文化发展报告》，介绍各主要国家的文化政策和市场情况。为壮大对外文化贸易主体，增强文化企业的国际竞争力，文化部下发了《文化部关于开展国家文化产品出口示范基地认定工作的通知》，此项工作的重点在于扶持打造一批在国际文化市场有较强竞争力的文化企事业单位，鼓励在具备一定条件的城市和地区，抓紧建立艺术创作生产基地，集中创作生产在国际市场畅销的文化产品，形成规模和品牌。

可以看出，中国对外文化贸易的起步阶段的挑战是巨大的，在面对巨额逆差的状况下，中国出台了一系列政策措施，设置专职机构，积极学习发达国家经验，对一批文化企业和重点项目进行扶持和打造，争取尽快与国际接轨，扭转局面。这一系列措施显示出中国开始强调文化贸易与文化交流并重，鼓励和推动文化企事业单位作为合格的市场主体参与国际文化市场的竞争。

2006 年是"十一五"规划的开局之年，也是对外文化产业发展的提速之年。2006 年初，文化产业司成立了对外文化产业处，与相关部门共同完成中国文化产品和服务出口政策的制定工作。11 月，国务院办公厅转发了文化部等八部门《关于鼓励和支持文化产品和服务出口若干政策》。在政策指引下，中国对外文化贸易进一步打开了局面。一方面走出国门主动推介中国文化产品和服务项目，另一方面充分利用国际文化产业论坛机制，提高中国文化企业的对外开放水平。2006 年 9 月主办了首届中国—东盟文化产业论坛，11 月参加第五届中日韩文化产业论坛。2007 年 4 月，商务部、外交部、文化部、国家广电总局、国家新闻出版总署、国务院新闻办公室等部门制定下发了《文化产品和服务出口指导目录》，确定了文化出口重点企业和重点项目，打造文化出口精品。此外，组织召开了第二届中国—东盟文化产业论坛，参加在日本大阪召开的第六届中日韩文化产业论坛。2008 年 9 月，中国在辽宁大连成功举办了第七届中韩日文化产业论坛。10 月在广西南宁成功举办了第三届中国—东盟文化产业论坛，同时编辑出版了第一本《国际文化产业典型案例选编》和中英文版的《2008 文化产业投融资手册》。此外还组团赴英国参加了中英创意文化交流大会，对 2007~2008 年度优秀出口文化产品和服务项目进行奖励，对国家文化出口重点企业进行补贴。

2010 年，通过对中国文化产品和服务在海外市场现状进行专题调研，文化部制定《关于促进中国文化产品和服务"走出去"总体规划》，举办"上海合作组织成员国文化产业合作南京论坛""中韩文化产业政策对话会"等，推动中国文化企业和产品通过商业渠道"走出去"，增强中华文化的国际影响力和市场竞争力。在继续推动政府主导的文化交流的同时，中国以市场化、商业化、产业化的方式对对外文化交流合作展开了积极探索，演艺产品在国际市场的份额和影响不断扩大。据中国文化部 2010 年对二十多个省区市的出口演艺项目进行的统计：2009 年度共有 170 个演艺产品项目出境商演，出口总收入 8000 多万元人民币，观众约 1660 万人次。

以上成果表明，进入 21 世纪以来，中国文化产品的出口贸易除金融危机之时略有下降外，总体上呈显著上升趋势，特别是进入"十一五"之后，政府加大了对对外文化贸易的扶持力度，不仅积极参与区域文化产业论坛，而且开始将文化贸易纳入中国主导的地区组织或合作机制，以此为平台扩大中国对外文化贸易的发展。五年间中国的对外文化贸易额快速上升，在国际市场的份额不断扩大，已经初步形成了一定规模并积累了宝贵的经验。这些成果为"十二五"期间中国对外文化贸易的进一步发展奠定了基础。但是与此同时，中国文化产品出口占世界出口份额的比重还比较低，在发达国家和地区所占的比重也比较低。

党的十七届六中全会以来，推动中国文化产品和服务"走出去"已经上升为国家的一项重要战略任务。《文化部关于促进文化产品和服务"走出去" 2011－2015 年总体规划》目标包括：①培育一批能够在国际文化市场长期立足的、代表中华优秀文化的骨干文化企业和产品；②在国际文化市场上初步形成重点产业类别中国文化产品营销网络；③促进中国文化产品和服务在周边国家影响持续扩大，在欧美打造知名品牌，在南亚、东欧和中亚、拉丁美洲及海湾地区等新兴市场有较大增幅，积极培育非洲市场；④文化产品在我国对外文化交流和文化外宣项目中所占比重明显增加；⑤中国文化企业和产品成为扩大中国国际影响力的重要力量。

为实现上述目标，中国推动出口平台和营销渠道的建设，将"上海国际文化服务贸易平台"发展为"国家对外文化贸易基地"；成立对外文化贸易工作小组，进一步统筹和完善对外文化贸易的领导协调工作；加强信息服务，建立对外文化贸易信息收集、编辑和发布平台；着手制订分业态、分领域的实施规划，整理了近年来文化部在推动演艺产品"走出去"等方面所做的主要工作和成果、存在的问题和建议，完成了《关于推动我国演艺产品"走出去"情况的报告》；加强统计工作，初步搭建起了对外文化贸易统计工作机制；推动政产学研相结合，建立对外文化贸易的理论支撑体系。

大力扶持代表中华优秀文化的文化企业，扶持文化企业开发新媒体产品，扶持重点文化产品和文化项目。如将中国对外文化品牌项目"欢乐春节"制作成软件产品，并通过欧美三百多个网站进行推广。这是中国利用新手段进行文化传播、参与国际文化市场竞争的一次有益尝试。此外，2011年10月31日，在胡锦涛主席的见证下，中国对外文化集团与维也纳控股集团在维也纳签署了《中国对外文化集团与维也纳控股集团建立长期合作的谅解备忘录》，将有利于我国重点文化企业快速建立海外营销平台和渠道，有效提升其参与国际文化产业合作与竞争的实力，扩大我国文化企业的国际知名度和品牌认知度，推动更多优秀中华文化产品走向国际市场。

2014年，国务院发布《关于加快发展对外文化贸易的意见》，针对中国对外文化贸易规模不断扩大，但是核心文化产品和服务贸易逆差仍然存在、对外文化贸易占对外贸易总额的比重较低的状况提出指导意见。发展目标包括加快发展传统文化产业和新兴文化产业；扩大文化产品和服务出口；加大文化领域的对外投资，力争到2020年，培育一批具有国际竞争力的外向型文化企业，形成一批具有核心竞争力的文化产品，打造一批具有国际影响力的文化品牌；搭建若干具有较强辐射力的国际文化交易平台，使核心文化产品和服务贸易逆差状况得以扭转，对外文化贸易额在对外贸易总额中的比重大幅提高，中国文化产品和服务在国际市场的份额进一步扩大，中国文化整体实力和竞争力显著提升。

针对上述要求，提出了明确重点支持、加大财税支持、强化金融服务、完善服务保障等政策措施。经过不懈努力，目前中国核心文化产品进出口贸易总额自2006年突破100亿美元大关之后，近年来不断上升；文化产品出口额在世界所占的比重也在逐步增加。但是我们也应看到,尽管处在上升趋势,但总体上中国文化产品出口份额占世界的比重仍然过低,对外文化贸易的增长空间仍然很大,前途依然任重而道远。

综合以上内容可以看出,经过"十一五"期间的大力发展,在中国对外文化贸易已经有了一定规模的基础上,"十二五"对中国对外文化贸易提出了更高的要求,通过打造具有核心竞争力的文化产品和国际竞争力的品牌企业,不仅要扭转中国对外文化贸易逆差的局面,更要成为提升中华文化影响力和竞争力的战略手段,成为大力传播当代中国价值观的有力载体。在文化产业兴盛、文化贸易繁荣的今天,只有在国际文化贸易领域拥有一席之地,才有可能真正将本国文化和价值观有效地推介和传播。在国家大力推动对外文化贸易发展的战略指引下和各部门的努力下,今后中国的对外文化贸易在国际市场的份额将日益增加,越来越多的明星产品和品牌项目将会出现在世界舞台。

(三) 对外文化战略视域下的留学生教育

中国的留学生教育近年来发展迅速,来华留学生人数不断攀升。这不仅是中国教育事业的重要组成部分,也成为中国对外文化交流的重要内容。数据显示,2000～2013 年,各类来华留学生人数从 52150 人增加到 356499 人,增长了将近六倍,生源地覆盖了全世界 200 个国家和地区。其中,获得中国政府奖学金的人数从 2000 年的 5362 人增加至 2013 年的 33322 人。2005～2009 年,来华留学人数甚至超过了出国留学人数。预计到 2020 年,来华留学生人数将达到 50 万,中国将成为亚洲最大的留学目的地国。

从对外文化战略的视域来看,留学生作为一个特殊的外国人群体,他们对于中国文化的海外传播和中国对外文化战略的展开具有重要意义。

第六章

加强对外文化传播，提升文化软实力

第一节　发挥国家宏观作用，加强对外文化交流

文化作为一种社会资源，不是某个国家的专利。不同的历史、发展方式、地理条件以及政治环境，塑造了各国不同的文化软实力的内容和结构。但是，任何一个国家，无论强弱，都或多或少拥有自身特殊的、个性的文化资源。我国文化资源相对丰富，但是在挖掘和提高文化软实力的能力上与西方国家相比相对薄弱，因此，通过对外文化传播来增强我国文化软实力是我国现阶段亟待解决的问题。

一、广泛进行跨文化传播与交流

一种文化要具有影响力，不仅要能影响一个国家、一个民族的文化性格与精神世界的塑造，还要能在人类社会发展进程中发挥重大的作用。①鉴于中国现阶段在挖掘和提升自身文化软实力方面仍很薄弱的现状，需要建立一支强大的文化劲旅，充分发掘中国的传统文化资源，挖掘其中无穷无尽的智慧。如可开发昭君文化，将其作为东方人类的和平女神与西方世界的自由女神的遥相呼应，开发和传播昭君文化，进而弘扬中华民族深远的文化。②根植于中华传统文化的基础，汲取中国传统文化的精髓，形成有充足文化底蕴的特色创新文化。五千多年的中华文明史积淀了丰厚的文化遗产，它们世世相传，已逐渐渗入人们的日常生活中。要充分倡导和弘扬它们，发挥其对社会主义文化理念的辅助作用，增强民族文化的凝聚力。③当代中国新文化应具有自己独特的核心理念。现在的中国处于历史上空前的发展阶段，中国文化必然要通过自身独特的形象屹立在五彩缤纷的世界文化之林。当前，儒家文化在全球特别是东亚地区备受推崇，成为世界关注中国文化的聚焦点。中国作为儒家文化的发源地，充分挖掘我国传统文化的精华，展现民族文化的特有魅力，这是树立良好国家形象的重要手段，也是开展文化外交的必然途径。

二、提升文化的吸引力与影响力

在信息时代，中国对世界的了解远远多于世界了解中国，这是因为我们的文化外交远没有达到可以主动掌控的程度。由于世界对中国了解的不足，以至于很多西方国家依然对中国文化和历史的了解是一片空白。面对这种局面，我们应该开拓新的方式和渠道去传播我们和平发展的文化。

（1）努力促进官方文化外交。首先，要充分发挥国家领导人的示范性作用。作为公共外交的领导者，国家领导人与政府官员可以通过外交活动展现民族精神以及个人魅力，塑造国外公众眼中中国领导人及政府的良好形象；其次，政府需保证文化外交机构的稳定性，构建一个由官方与民众共同参与的文化外交机制，并在文化外交经费上给予保障。同时，中国应充分利用其自身丰富的文化资源，建立培育一系列既有中国文化特色，又能吸引国外文化精英参与的大型文化外交活动，打造中国自己的"富布莱特"项目。吸取国外优秀的文化活动经验，不仅有助于我国建立更全面、完整的文化外交机制，也能不断拓展我国文化外交的经验与深度。

（2）要充分重视民间外交的作用。通过进一步完善民间外交机制、利用民间组织和民间人士来提升国家的文化外交。民间文化外交是文化外交不可缺少的一部分。然而，在以民主自由为核心价值观的西方，"官方文化"历来不被接受，西方民众甚至对文化的政治操控颇为反感，他们认为政府与文化不应有紧密的联系。在这种背景下，我国政府对于民间交流应加强引导和管理，投入更多的人力、物力等资本鼓励民间交流，通过举办国际会展、经济论坛、体育赛事和学术交流等多种活动，邀请国外学者、运动员和商人等来华参加，以期通过他们真实的所见所闻影响西方民众。

（3）要充分发挥海外华人华侨的作用。与别国不同的是，中国拥有7000万左右庞大的华人网络，在海外有着广泛、强大的社会影响力。作为世界三大资本（石油资本、犹太资本和华人资本）之一，海外华人不仅在提升中国硬实力上功勋卓著，在软实力的建设上也在不懈努力。他们拓宽了中国与海外各国交流的通道，在展现国家形象上发挥着自己独特的影响力。因此，我们必须重视海外华人华侨在提升我国文化软实力上的重要作用。在文化冲突与融合日益明显的今天，应充分发挥海外华人华侨在文化外交中的特殊作用，为我国文化外交奠定坚实的国际基础。

三、建立长效的对外传播机制

构建文化传播体制，调整文化产业政策，建立长效的对外传播机制，大力发展我国的文化产业。我国对外传播的发展需要国家机制和体制的支持。为了适应国际形势的变化，以提升我国文化软实力，我们必须建立新的对外传播体制和机制来推进我国文化软实力在国际上的突破和发展。在创新体制方面，主管部门应适当放松以往的权责，使得媒体分离其所有权和经营权，在国际事件的传播中积极发挥其自主创新的能力，使媒体对新闻有更加深刻的自我见解。21世纪，随着国际环境和国际形势的变化，我国对外传播的管理机制也需要做适当的改变。

四、大力开展对外文化贸易

（1）把文化产业的发展作为国家战略。首先，国家要建立完善的文化产业政策。针对做外贸的国内文化企业，国家应给予一定的政策扶植。政府在国际文化贸易规则的制定中需起到积极的作用，改善现有国际文化贸易环境。中国文化产品的质量必须要达到国际市场的标准要求，实现从消费方式、发行渠道和融资办法等方面与国际市场的标准接轨，促使我国文化产品在国际市场的竞争力不断加强。

（2）完善制度，培育企业。要努力推进国有文化单位的改革与发展，在弘扬现有国内知名文化企业与文化产业品牌的基础上，积极培养一批具有国际竞争力的文化企业，并且在国际贸易市场上发挥主导作用。与此同时，鼓励多元化投资，打造一批实力雄厚的品牌文化企业和跨国文化贸易企业，努力构建以公有制文化企业为主，非公有制文化企业为辅的新型文化出口局面。

（3）努力打造文化贸易品牌。中国政府要积极稳固具有中国特色的文化艺术品出口，也要进一步鼓励中国的电子出版物、游戏动漫等新兴文化产品打入国际市场，还要努力提高文化产品的出口比重，使中国在文化产品的出口上也尽快向文化出口大国迈进。而做大做强我国的对外文化贸易品牌也是实现我国由"中国制造"向"中国创造"飞跃的关键所在。

第二节　抓住地方发展机遇，提升文化软实力

一、以"一带一路"建设为契机，提升文化软实力

首先，发挥好中央与地方政府在文化交流中的积极作用。在"一带一路"框架下的文化交流之中，中央政府与地方政府的主导作用是推动我国与沿线各国文化交流合作的重要基础。因此，务必要发挥好中央与地方政府在文化交流中的积极作用。我国中央政府要做好"一带一路"中文化交流的顶层设计与战略布局，将文化交流作为"一带一路"建设的关键，不断推动各国政府间的文化合作。具体而言，可以从现有丝路文化品牌着手，通过整合中西部地区独特的丝路历史文化资源，不断提升现有丝路文化品牌质量，并推动这些文化品牌"走出去"，如组织"丝绸之路"为主题的文物巡展，让各国人民通过这种展出领会到"丝绸之路"上灿烂的历史文化与宝贵的丝路精神，从而更好地维护丝路友谊，促进拥有不同民族、不同文化的国家间互惠互利、共同发展，形成建设"一带一路"的合力。另外，我国中央政府还可以与其他沿线各国政府一道，建立一个"一带一路"框架下高级别文化交流互动机制。在

这一机制的框架之中，沿线各国可就相关的文化、教育、体育、新闻等热点议题展开讨论与会晤，并寻找合作的机会。通过这一高级别文化交流互动机制，可自上而下地提高"一带一路"沿线各国文化人员的往来互动频率，为各国在其他领域的交流合作创造有利的条件，同时也可以不断地拓展文化交流的广度与深度。与此同时，我国的地方政府也要积极发挥其在文化交流中的重要作用。地方政府比起中央政府的优势就在于，对相邻地区的文化特点有着更深层次的理解，因此，地方政府要不断加强对本地区在丝路历史上发生的重大事件与典型人物进行相关的资源整理，推动这些资源进入市场运作。同时，地方政府也要加强同"一带一路"沿线国家地方政府及地区的文化交流，定期举办城市与城市之间、省份与省份之间的文化活动，实现各国地方间文化资源的互联互通。

其次，要积极推动教育合作与学术交流。教育合作与学术交流是国家间文化交流的重要组成部分，在"一带一路"建设推进的过程中，教育合作与学术交流不仅将拓宽沿线各国文化交流的广度，同时也将为各国的发展及进步提供更多的智力支持。各国应共同协商，建立起一个教育合作机制，在这一机制中，既包含相关国家的优惠政策，也包含教育投入的保障资金，为教育合作提供更好的政策的魅力，另外，也能更好地走入外国民众的身边弘扬中国文化。在民间，文化交流的过程中也要充分发挥我国企业界的积极作用，通过推动国家间企业界的文化交流，组织国外相关企业界、产业界人士来中国的相应产业、公司参观交流，并推动企业间的经济合作，为各国创造更多的经济效益。另外，在我国与沿线各国的民间文化交流中还有一个能发挥巨大作用的群体，那就是当地的华人华侨。尤其在"21世纪海上丝绸之路"的建设中，生活在东南亚的华人华侨们是推动海上丝绸之路项目建设的重要"助推器"，当地很多华人华侨都是著名的企业家，在该国或地区颇具影响力，可以为"一带一路"建设出力。其实，不仅仅是经济建设领域，在文化、教育领域，当地的华人华侨也能发挥出重要作用，华人华侨在该国生活时间长，对该国的社会文化、民间习俗都有着清晰的认识，通过华人华侨来促进中外民间文化交流往往能够达到事半功倍的效果。

最后，要大力发展丝绸之路特色旅游。丝绸之路沿线文化绚烂多彩，旅游资源丰富，拥有很高的国际知名度与影响力。2014年11月，习近平主席在北京举行的"加强互联互通伙伴关系会"上指出："中国支持不同文明和宗教对话，鼓励加强各国文化交流和民间往来，支持丝绸之路沿线国家联合申请世界文化遗产，鼓励更多亚洲国家地方省区市建立合作关系。亚洲旅游资源丰富，出国旅游的人越来越多，应该发展丝绸之路特色旅游，让旅游合作和互联互通建设相互促进。"为此，中国国家旅游局也将2015年定为"美丽中国——2015中国丝绸之路旅游年"，丝路旅游年的口号是"游丝绸之路，品美丽中国"。旅游年于2015年1月在古丝绸之路的起点西安正式启动，当年丝路沿线的旅游人数创了历史新高。

从丝绸之路旅游年的实践中可以发现，当前我国庞大的旅游市场与旅行需求将为丝路旅游品牌开发提供强大的市场基础。在丝绸之路旅游年取得成功的基础上，我国还应继续大力发展"一带一路"特色旅游，在传统的"丝路历史文化游"基础上，创新旅行产品与旅行模式，推出民族风情农家乐、丝路度假游、现代丝路科技之旅等多种旅行形式，同时，还要与"一带一路"沿线各国一道，建立起互联互通的丝路旅游信息服务和交通运输网络，加强"一带一路"中区域性客源的流转互送，让世界更好地了解"美丽中国"和"魅力丝路"。

二、发挥北方草原走廊优势，提升文化传播力

随着国家对"一带一路"建设的具体规划和推行，其战略构架已更加清

晰：北方草原走廊带作为南接中原、北连亚欧的新丝绸之路的重要通道和连接地带，更要借助于"一带一路"经济发展新建设的契机，大力发展草原民族文化，不但要把草原各民族固有的传统文化发扬光大，同时要积极运用多种方式、利用各类媒体尤其是新媒体所独具的传播优势，大力传播草原文化。

首先，发挥少数民族的文化资源优势，加大对外传播北方草原民族文化的力度。这方面的思路主要有：应积极整合北方草原走廊沿线城市的文化力量，充分调动北方草原走廊沿线城市各民族文艺团体对于民族文艺传播的积极性，把极具特色的民族文艺形式精细化、品牌化。如内蒙古自治区首府及各盟市每年一次的那达慕大会、从 2015 年开始在满洲里举行的中蒙俄蒙古族长调大赛、在呼和浩特举行的每年一次的草原文化节等。北方草原走廊地区各地政府及文化部门应积极参与"一带一路"多边外交活动中的对外文化交流。今天的北方草原走廊带主要是以内蒙古草原牧区为主要地域，北方与之毗邻的是蒙古国，因而要借助于这一地理区位优势，把蒙古语言文化艺术（蒙古语电视频道、蒙古语电视剧、蒙古说书、蒙古长调等）做大做深、推陈出新，以蒙古语言文化作为中蒙两国交流与合作的桥梁与纽带，借此推动中蒙两国经济贸易得到更大发展。如在蒙古国和我国轮流举行的每年一届的中蒙文化论坛已成为丝绸之路文化传播的高水平学术会议，会议提交的学术论文中有关北方草原走廊带民族文化传播的学术见解已经引起了相关部门的高度重视。

其次，充分发挥北方草原走廊沿线城市民族院校的高等教育力量，加强与周边国家的文化教育交流合作，积极为"一带一路"建设培养人才。经过几十年的建设与国家的大力扶持，"一带一路"沿线城市高等院校的教学水准有了很大提升。据不完全统计，现有"211"重点大学 4 所，国务院部委院校 5 所，各类正规大学 40 多所，每年前来国内"一带一路"沿线城市高校进修和攻读学位的蒙古、俄罗斯、哈萨克斯坦等国家的留学生达 3000 余人，这些国家的留学生不但学习中国的语言文字和传统文化，更是自觉地把所学到的中国传统文化，尤其是与自己国家本民族文化相对应的北方草原少数民族文化进行自我对接，开展主题民族文化学研究，同时把"一带一路"沿线各少数民族文化的经典内容带回自己的国家，使得北方草原文化在新丝绸之路沿线国家得到更多传播，促进新丝绸之路沿线国家间的文化交流、增进北方草原走廊带与新丝绸之路带各国间的友好往来。

最后，建设北方草原走廊带城市文化服务平台，承担文化传承与对外传播的重任。建设北方草原走廊带城市文化服务平台，应建立相关的文化产业（如草原主题旅游服务产业、民族文化遗产传承产业、民族特色文化项目培训中心等），前期主要为"一带一路"建设所涉及的沿线国家提供文化服务与文化传播任务。经过若干建设周期后，可将服务范围扩展到"一带一路"之外的其他国家，把草原文化推广到世界各地。2011 年，中国文化中心已在蒙古国首都成立，现已成为中蒙两国举办文化活动、开办教学培训、提供各类文化信息的传播平台。北方草原地区各城市可利用北方草原走廊带城市相关文化服务平台开办中蒙、中俄文化周，举办中蒙、中俄儿童文化交流系列活动，在"一带一路"沿线国家推出北方草原走廊文化电视纪录片和民族文学作品，举办"一带一路"沿线国家留学生汉语语言文化类系列竞赛等工作；在"一带一路"国家发展蓝图中真正起到文化先行、文化搭台的效果。要鼓励北方草原地区各城市勇于探索，以优秀典型引路，把为"一带一路"沿线国家开展文化服务的经验从北方草原传播到中原腹地，在更大地域范围内为"一带一路"国家发展蓝图尽文化传播职责。北方草原文化必将继续以独特、迥然的风格，为我国现代文明建设和国际化传播提供重要的文化艺术范式。

三、更新对外传播观念，提升对外传播效果

首先，对外传播主管部门与文化管理部门应该充分认识到在当前社会与国际形势下，内蒙古文化对外传播的重要性。在内蒙古自治区积极参与"一带一路"建设、努力开发中蒙俄经济走廊经贸合作的过程中，文化传播与良好的地方形象是非常重要的软实力保障。因此，政府相关主管部门应充分重视内蒙古文化的对外传播工作，强化对外传播意识。

其次，对外传播相关人员应更新观念，改变传统对外传播模式，在传播的内容与语言方面进行调整，变"我说你听"为"与你分享"，改变刻板的官方腔调，使信息传播更符合目标受众的预期，提高受众接受信息与参与互动的兴趣，通过有意识、有组织的对外传播提升内蒙古文化的国际形象。

四、多渠道并举，创新传播模式与手段

当前，民众获取信息的渠道和方式较过去有了翻天覆地的变化。仅仅通过官方机构与主流媒体的对外宣传已不能满足国际传播的需要。因此，应当多渠道并举，创新传播模式与手段，建立全方位、多元立体的国际传播体系。具体可以从以下几个方面进行：

第一，将传统媒体与新媒体相结合。传统媒体具有权威性和可靠性的特点，在重大事件的新闻披露方面更能赢得受众信赖，因此，传统媒体多语种新闻与信息发布仍应该成为主要的对外传播手段。在这方面，包头新闻网走在了内蒙古传统媒体外宣的前列，包头新闻网英文网页对宣传包头、提高城市国际知名度发挥了一定的作用。同时，新媒体的兴起使民众有了更快捷获取信息的渠道。国内政府部门、新闻媒体等机构已经意识到新媒体平台的重要性，纷纷

建立了面向国内的新媒体信息发布平台，如微博、微信公众平台等。但是，在国际传播中，新媒体的功能也不应该被忽视。《中国日报》、人民网和新华网在推特和脸书平台都有账号，它们定期更新信息，但是涉及内蒙古自治区的信息少之又少。内蒙古自治区个别机构与个人近期开通了推特与脸书账号，但是信息更新慢，内容单一，关注度非常低。如内蒙古推特账号 Inner Mongolia China@ Innermongolia70 于 2017 年 6 月开通，目前仅有推文 62 篇，以介绍内蒙古城市、景区和文化为主，关注者仅有 22 人。《内蒙古日报》推特账号 Inner-MongoliaDaily@ IMDChina 于 2017 年 3 月开通，但是 2017 年 4 月后便无信息更新，推文内容以旅游信息为主，并且为中文信息。内蒙古在脸书上的账号 Discover Inner Mongolia 显示为政府机构性质，于 2017 年 4 月开通，虽然拥有粉丝 6000 余人，但是内容单一，同样以内蒙古风光与文化介绍为主。发挥新媒体社交平台的国际传播作用，应该更好地利用新媒体关注度高、信息更新快捷的特点，在信息更新、内容多样化方面下更大的功夫，同时应鼓励不同机构和主体开通国外新媒体社交平台账号，用不同语种进行内蒙古相关信息的发布。

第二，打造多元文化产业链，通过文化贸易实现文化传播。具有民族特色的文化产业链包括民族语言著作海外出版、民族影视作品海外发布、民族特色商品出口等。高品质的民族文化产品以有形实体为载体，在润物细无声中实现民族文化的传播，以达到非常理想的效果。如以内蒙古草原为背景的电影《狼图腾》在海外的发布受到了各国媒体的广泛关注，电影中体现的草原民族对狼的崇拜和崇尚人与自然和谐相处的文化精髓被国际受众所了解。内蒙古自治区应采取鼓励措施，引导企业开发针对海外市场的、具有民族特色的文化产品，以文化产品为载体，将内蒙古文化传播到世界各地。

第三，加强民间交流，打造民间文化交流品牌。近年来，由中国政府主导的与各国进行文化交流的活动取得了令人瞩目的成效。内蒙古自治区作为一个具有鲜明少数民族文化特色的地区，在民间文化交流活动的组织方面也逐渐拉开了帷幕。内蒙古民族艺术剧院多次进行海外演出，鄂尔多斯举办的国际那达慕都是以民间文化交流为目标的文化活动。但是这些活动的规模和影响范围还远远不够，内蒙古自治区需要进一步组织与各国的民间文化交流活动，将具有内蒙古文化特色的活动，如那达慕、马头琴演奏、呼麦、博克等打造成民间文化交流的品牌活动。

五、加大投入，敦促相关政府部门、机构与媒体多语种对外传播平台与人才队伍建设

多语种对外传播平台建设包括政府部门、主要媒体网站以及相关机构的多语种官方网站建设和信息平台建设。官方网站的多语种化直接体现了该机构的国际化视野，更重要的是能够为不同语种受众提供最权威的信息。内蒙古自治区主要媒体对内蒙古文化对外传播承担着义不容辞的责任，应该完善多语种新闻网站建设，及时发布多语种新闻信息，掌握传播主动权。如内蒙古自治区70周年大庆，能够集中展现内蒙古自治区的建设成就，但是国内媒体的外文报道非常稀少，仅有数篇由《中国日报》和新华网发布的英文报道，内蒙古媒体在对外传播中没有发挥应有的作用，相反，西方媒体则多数引用了英国路透社的负面报道，对海外受众进行误导。

多语种对外传播平台的建设与信息发布离不开专业的人才队伍。对外传播并不等同于信息翻译与发布。专业的对外传播人才队伍不仅应该熟练掌握目标受众语言，同时还应该通晓并考虑目标受众的社会、文化、心理、思维等因素，使传播的内容易于被目标受众所接受，从而达到被目标受众认同的目的。人才队伍建设是一个相对漫长的过程，通过精密与严格的选拔和培训，才能打造出合格的对外传播专业队伍。

第三节　加大科技投入，提升文化传播实效

当前科学与信息技术的发展使文化传播的途径呈现多元化特征，文化传播的广度和速度都得到了空前的提升。内蒙古自治区由于地处内陆，信息化水平较东部沿海地区还存在一定差距，因此信息对外接触的频率和范围也远不及东部沿海城市。好在网络与信息技术在一定程度上可以弥补这个不足，我们应该主动出击，加大科技投入，提升文化传播的实效。

一、建设对外传播队伍，掌握网络信息披露主动权

多年来，我们的信息对外披露渠道主要是通过政府机构和官方媒体发布，这样的机制存在反应滞后、信息发布频率低、受众面窄等问题。因此，在国际广泛流行的主流媒体和新媒体中，与内蒙古相关的信息数量非常有限。在西方民众中，甚至不少人无法区分内蒙古自治区与蒙古国，经常把两者混为一谈。这些现象都充分证明，内蒙古自治区的对外传播主动性不够，对外信息披露频率低、范围小。尤其在今天信息技术高速发展的时代，我们应该充分利用信息技术和网络传播的便利性与快捷性，掌握主动权。内蒙古各界，尤其是社会科学界，应该集合优势资源，建立一支以内蒙古文化对外传播为主要职能的队伍，投入资金与人力，设立专门机构，定期对外发布内蒙古自治区的发展变化、经济、政治、文化等领域的重大事件，宣传内蒙古自治区的旅游资源与投资环境，从而增加内蒙古自治区的曝光率，使更多人了解内蒙古、熟悉内蒙古、增加对内蒙古的亲近感。对外传播、对外建设可以从高校入手，内蒙古高

校的外语、新闻、旅游等专业的人才都可以作为对外传播队伍的一员，高校可以建立内蒙古文化对外传播媒体中心，由高校委派具有对外宣传专业知识和素质的老师作为指导老师，配备必要的设备，在网络媒体多语种发布内蒙古社会、经济、文化、科技、生态等方面的信息，以此达到提高内蒙古自治区的信息发布频率，让更多的人了解与内蒙古相关的更多信息。

二、建设对外宣传数据库，实现信息共享，提高对外文化传播的信息质量

内蒙古对外宣传数据库目前仍处在空白。内蒙古自治区是众多少数民族的聚居地，具有丰富的自然资源和深厚的人文历史文化。其中，蒙古族的历史与文化在内蒙古地区少数民族中的影响最大，与其他少数民族一道为内蒙古增添了非凡的魅力。同时，内蒙古地区还受到来自陕西、山西、东北等周边省份汉族传统的影响，衍生出具有内蒙古特色的蒙汉融合文化。但是内蒙古自治区地处西部内陆地区，开放程度低，对外宣传能力发展缓慢。我们前期的研究显示，内蒙古地区旅游资源宣传资料与社会文化外宣资料的外文译本数量稀少，并且水平参差不齐，主要特色事物名称译名不统一，译文内容模糊晦涩等问题较多。同时我们还注意到，内蒙古地区很多旅游与外宣资料中有涉及蒙古族历史文化传统的特色词汇，但在翻译的过程中，部分译者由于不懂蒙语，简单地将这些词汇用汉语拼音处理，这样的译法既不符合名从主人的原则，又无法体现少数民族特色，从而失去了宣传民族地区特色文化的功能。目前，内蒙古自治区少量较为权威的译文仅仅掌握在少数学者和专业译者手中，没有进行专门的推广应用，因此对内蒙古旅游与对外宣传的作用微乎其微。

近年来，内蒙古自治区政府积极发展文化产业，增强文化软实力，力图通过文化产业建设助力产业结构调整，推动经济发展。增强内蒙古的对外交流与

合作是文化强区战略的重要组成部分。因此，旅游与对外宣传资料的翻译质量将直接关系到内蒙古自治区的对外宣传能力。在计算机与信息技术高速发展的今天，建立一个可以通过网络共享的内蒙古地区旅游与外宣资料汉、蒙、英三语平行的语料库是提高旅游与外宣翻译质量，从而提高内蒙古自治区对外宣传能力的重要途径。

三、加大科研投入，科学指导对外文化传播工作

内蒙古文化对外传播与软实力建设是一个需要科研人员进行持续深入研究的课题。通过科研人员的调查研究发现问题，探究原因，思考策略，从而指导内蒙古自治区的文化对外传播工作，能够起到事半功倍的效果。首先，主管部门应该加大资金支持，鼓励科研工作者进行文化对外传播与文化软实力建设的专项研究。其次，从事文化产业和旅游的企业应该积极寻求与科研人员的合作，运用科研人员的研究成果发展文化产业与旅游业，通过产业的发展推动文化对外传播。最后，高校与科研院所应组织力量，建设文化对外传播与文化软实力建设的科研创新团队，利用高校的人才优势与科研资源，积极开展相关研究，并推动科研成果转化，使之为自治区文化对外传播与软实力建设服务。

第四节 加强民族文化保护，推动文化翻译外宣事业发展

据统计，内蒙古自治区有世界级非物质文化遗产代表性名录 2 项，国家级代表性项目名录及扩展项目名录共计 82 项，自治区级非物质文化遗产代表性

名录342项，内容丰富，特点浓郁。

内蒙古民族文化是在特定的历史阶段和特定的地域由各民族创造并世代传承下来的，具有活态性、生态性和变异性特征，其内容包罗万象，涉及表演艺术、民间文学、民俗、传统手工技能等，蕴含了内蒙古民族文化深厚的内涵。但是，现有研究中很少涉及内蒙古民俗文化的英译研究，内蒙古民族文化相关的出版翻译材料也寥寥无几，多数宣传资料也没有外宣译文，内蒙古文化与旅游相关部门的官网多数有中文和蒙文版本，但鲜有英文版本。内蒙古有悠久的文明史和丰厚的文化底蕴，内蒙古民族文化术语代表着本民族文化独特的内涵，运用适当的翻译理论，准确地翻译文化术语，将内蒙古特有的文化概念传播给国外受众，直接关系到内蒙古文化软实力的提升。

民族文化外译具有以下较为显著的特点：首先，民族文化中专有名称及相关介绍材料具有鲜明的民族性和地域性，存在一些语义空缺词，专有名词和文化负载词在目的语中很难找到对等的英语词汇；其次，民族文化对外宣传介绍的材料中包含的民族特色信息较多，内容繁杂，在目标读者的文化中不存在对应的文化信息；最后，对民族文化进行介绍的文字为汉语，存在句子结构不完整的表达，仍可根据潜在的语言逻辑实现意思连贯，与目标语在句式结构和衔接手段上有差异。民族文化负载词是少数民族文化中所特有的，如果进行对等处理，就很难让目的语读者理解民族特有的词汇和文化内涵，因此需要保留原语特点进行异化翻译。

内蒙古民俗文化与西方文化存在很大的差异，民俗语言具有鲜明的文化知识内涵特色，它们只表达某些语言所独有的事物和现象，无论是形式上还是内容上都难以与英语文化中的事物和现象对应。在外宣翻译时，应该充分考虑文化差异的因素，深刻理解词语所涉及的文化历史知识，准确地传递出其文化内涵，达到跨文化交流和宣传的目的。在翻译的过程中，要遵循形式的对等与异化，在考虑原文词汇、语法、句法结构等语言特点的同时，尽量达到文字上的对应，强调原文本身的形式和内容与译文文本的对等，以求翻译得准确。此外，在一定程度上通过破除目的语的语言规范来保留出发语的异域化特色的翻译方式，实现较精确的翻译，从而使翻译完整明了地体现出源语言文化的独特之处，最终达到外宣交流的目的。在民族文化的外宣翻译过程中，对不同的内容应作出不同的翻译处理。

一、专有名词音译法

内蒙古民族文化文本中，存在许多形同音异的词汇，单从字面上难以辨别和区分出它们的差异，这给语言信息处理造成了一定的难度。在处理这些语言信息时，经常用到音译转写，把存在于特定文化中的一些民族特有的事物现象移植到英语中去。翻译内蒙古民族特色文本、人名、地名、民族语言、专有名词等，都需要进行此类处理，一般根据原语言内容的发音在目标语言中寻找发音相近的内容进行替代翻译，常常用英文字母将词汇的读音标注出来。

二、民族语言直译法

内蒙古民族文化文本中，有一部分民族词汇可以采用直译的方法进行翻译，在与英语文化传统不相悖的情况下，直译是保留内蒙古民族文化特色较好的翻译方法。在译文中很好地保留原语的指称意义，从而使内容和形式相符，以此实现翻译的对等。民族语言的直译是指用英语中对应词语译出这些民族词汇中蕴含的文化信息。直译可以尽可能多地保留民族语言的文化特征，这有利于译语读者更容易理解并开阔他们的视野。在翻译之前应分析民族的文化内涵和历史来源，一定要确保其文化内涵被精准表达，即表达出了原文的意思，这也便于目的语读者理解民俗文化的特点。

三、空缺文化特色词意译法

在翻译内蒙古民族文化的文本时会遇到大量文化负载词，有些不能在英语文化体系中找到对应的表达，这就造成了文化负载词的空缺。内蒙古空缺民俗文化特色词汇具有其独特性，若翻译时进行音译或直译，则不能很清晰地表达出文化所负载的含义，有时甚至会形成理解上的错误。这时要使用空缺民俗文化特色词意译法，此方法着眼于传达民俗文化精髓的翻译，它舍去了民族语言的语言形式和字面含义。在翻译的过程中，意译法强调用跨文化的英语对等词汇来表达民俗语言的文化信息。只有熟悉内蒙古民族特色词汇的文化内涵，才能在民族认同和社会认同中发挥非常重要的作用。此外，在内蒙古民间表演艺术中，一些具有人文意识和普遍价值的艺术形式，可以促进地区和国家之间的文化交流与合作，促进国家间的和谐与稳定。蒙古族的长调民歌是一个跨国界的文化分布，中国内蒙古自治区和蒙古国是蒙古族长调民歌最重要的文化分布区。在倡导世界和平、共同发展的世界形势下，要利用世界共生、共同的特点，积极开展地区、国家间的文化交流与合作，充分发挥民族团结与国际交流相结合的作用，使各民族的非物质文化得到保护、传承和发展。

四、民俗文化专有名词的直译加注法

英汉文化存在很多差异，少数民族文化与西方文化更是大相径庭。在处理内蒙古民俗文化专有名词的英译时，有些情况如果只是音译，由于目的语中无法找到词与之对等，就会给读者造成困惑。为了使目的语读者更好地理解少数民族文化，完整地表达内蒙古民俗文化的思想，就需要在直译或者音译的基础上添加注释，即在直译、音译的基础上增加适当的翻译性词语来解释说明民俗文化中所包含的具体意思，使之能较好地保持原文的意境，保持了语义的完整性。

五、历史文化相关词汇的增译和省译

由于内蒙古拥有不同的历史时期和文化演变过程，这使得与内蒙古各民族文化历史相关的词汇拥有独特性。内蒙古民族文化外宣材料中的许多地名、制度等词汇是在其历史发展的过程中逐渐形成的。在翻译时，如果只做直译处理，就无法做到文化内涵的传达。因此，为了准确地传达出与历史文化文本相关的信息，通常需要对译文进行增译，即根据中西文化不同的思维模式、语言习惯和表达方式，在翻译时适当增添一些词或句子，以便更准确地表达原文所包含的意思。在采用增译的方法时，不可随意增加，而是要依据原文本，在原文的基础上增补出原文所隐含的内容，正确地运用增译法有助于意义的全面转换。另外，中文与英文在表达习惯上有很大差异，中文注重意，英文注重形，某些情况下如果进行字对字的文本英译，就会不符合英文的表达习惯。所以，在翻译有关内蒙古历史和文化背景的文本时，还会用到省译法。省译法是与增译法相对应的一种翻译方法，即删去不符合目标语思维习惯、语言习惯和表达方式的词，以避免译文累赘，这样有助于语言结构的适度优化。对内蒙古非物质文化遗产进行外宣翻译的过程，是中西文化信息传输和接受的互动过程。民俗语言文本的翻译，翻译的不只是个别词句，而是对整个内蒙古非物质文化遗产文化背景的呈现。要灵活运用以上的翻译策略，准确地传达出民族文化内涵，为民族文化的国际化传播做出贡献。

参考文献

［1］保罗·肯尼迪. 大国的兴衰［M］. 梁于华等译. 北京：世界知识出版社，1990.

［2］曹迪. 国家文化利益视角下的中国语言教育政策研究［D］. 首都师范大学博士学位论文，2008.

［3］楚树龙. 国际关系基本理论［M］. 北京：清华大学出版社，2006.

［4］邓显超. 发达国家文化软实力的提升及启示［J］. 理论探索，2009（2）：35-38.

［5］吉谢列夫. 苏联境内青铜文化与中国商文化的关系［J］. 考古，1960（2）.

［6］杜晓勤. 草原丝绸之路兴盛的历史过程考述［J］. 西南民族大学学报（人文社会科学版），2017（12）：1-7.

［7］段连城. 对外传播学初探：汉英合编本［M］. 北京：中国建设出版社，1988.

［8］段连城. 怎样对外介绍中国［M］. 北京：中国对外翻译出版社，1993.

［9］龚缨晏. 远古时代的"草原通道"［J］. 浙江社会科学，1999（5）：

59 – 65.

[10] 汉斯·摩根索. 国家间政治——寻求权利与和平的斗争 [M]. 北京：中国人民公安大学出版社，1990.

[11] 贺颖等. 浅析国家"软实力"理论 [J]. 国际关系学院学报，2005（2）：5 – 8.

[12] 胡海波. 马克思恩格斯文化观研究 [D]. 东北师范大学博士学位论文，2010.

[13] 蒋晓丽，张放. 中国文化国际传播影响力提升的 AMO 分析——以大众传播渠道为例 [J]. 新闻与传播研究，2009（5）：1 – 6.

[14] 李琳. 语言的国际推广与国家的文化安全研究 [J]. 湖南科技大学学报（社会科学版），2013（3）：173 – 176.

[15] 李希光. 全球传播时代的议程设置与文化软实力 [J]. 中国社会科学报，2009（1）.

[16] 李晓明，谢灵. 浅论提高国家文化软实力的对策 [J]. 经济研究导刊，2013（19）：54 – 55.

[17] 李宇波. 关于国家利益的文化思考 [J]. 通化师范学院学报，2011（9）：14 – 16.

[18] 刘见林，金龙鱼. 约瑟夫·奈与《软实力》 [J]. 信息空间，2004（8）：32 – 35.

[19] 刘建明. 宣传舆论学大辞典 [M]. 北京：经济日报出版社，1992：86.

[20] 马庆国，楼阳生. 区域软实力的理论与实施 [M]. 北京：中国社会科学出版社，2007.

[21] 马修·弗雷泽. 软实力：美国流行乐、电影和快餐的全球统治 [M]. 刘满贵等译. 北京：新华出版社，2006.

［22］孟亮．大国策：通向大国之路的软实力［M］．北京：人民日报出版社，2008．

［23］莫里斯·迪韦尔热．政治社会学——政治学要素［M］．杨祖功等译．北京：华夏出版社，1987．

［24］胡伟．论冷战后国际冲突：对"文明范式"的批评［J］．复旦学报（社会科学版），1995（3）：254－262．

［25］沈骑，夏天．论语言战略与国家利益的维护与巧展［J］．新疆师范大学学报（哲学社会科学版），2014（4）：112－118．

［26］石云涛．3－6世纪的草原丝绸之路［J］．社会科学战线，2011（9）：70－79．

［27］孙建平，谢奇锋．传媒外交初探［J］．现代传播，2002（3）：70－72．

［28］孙晓萌．挑战与策略：非洲本土报刊视阈下的中国国家形象传播［J］．现代传播，2014（2）：53－56．

［29］孙秀君．论蒙古帝国时期蒙古人对陆上丝绸之路的贡献［J］．西部蒙古论坛，2016（1）：3－9．

［30］塔日．中俄恰克图贸易对蒙古地区经济文化的影响研究［D］．中央民族大学硕士学位论文，2013．

［31］田庆锋．钦察汗国与蒙古元朝时期之中西交通［D］．西北师范大学硕士学位论文，2003．

［32］王大方．论草原丝绸之路［J］．鄂尔多斯文化，2006（2）：7－9．

［33］王欢．浅析冷战后美国对华文化渗透行为［J］．湘潭师范学院学报（社会科学版），2008（5）：46－48．

［34］王涛，王海林．国际文化传播与"和谐"外交［J］．中北大学学报（社会科学版），2006（6）：49－53．

［35］威尔伯·施拉姆，威廉·波特．传播学概论（第二版）［M］．何道宽译．北京：中国人民大学出版社，2010：56.

［36］威廉·奥尔森等．国际关系的理论与实践［M］．王岩译．北京：中国社会科学出版社，1987.

［37］吴瑛．孔子学院与中国文化的国际传播［M］．杭州：浙江大学出版社，2012：15 – 18.

［38］武玉环，程嘉静．辽代对草原丝绸之路的控制与经营［J］．求索，2014（7）：158 – 162.

［39］肖欢．冷战后美国软实力的下降及其启示［J］．国际政治研究，2006（3）：148 – 156.

［40］徐波．当代英国海外英语推广的政策研究［D］．西南大学博士学位论文，2005.

［41］薛东前等．文化交流，传播与扩散的通道——以中国丝绸之路为例［J］．西北大学学报（自然科学版），2013（5）：781 – 786.

［42］亚历山大·温特．国际政治的狂会理论［M］．秦亚青译．上海：上海人民出版社，2000.

［43］阎学通，徐进．中美软实力比较［J］．现代国际关系，2008（1）：24 – 29.

［44］杨建华，邵会秋．匈奴联盟与丝绸之路的孕育过程——青铜时代和早期铁器时代中国北方与欧亚草原的文化交往［J］．吉林大学社会科学学报，2015（1）：154 – 162.

［45］余太山．西域通史［M］．郑州：中州古籍出版社，1996

［46］余太山．《穆天子传》所见东西交通路线［C］．第二届传统中国研究国际学术讨论会论文集（一），2007.

［47］约瑟夫·奈．美国霸权的困惑［M］．郑志国译．北京：世界知识

出版社，2002.

［48］约瑟夫·奈. 软实力：世界政坛成功之道［M］. 吴晓辉，钱程译. 北京：东方出版社，2005.

［49］张斌. 美国文化传播的优势及其影响［J］. 创新，2011（4）：117 - 121.

［50］张广达. 古代欧亚的内陆交通——兼论山脉、沙漠、绿洲对东西方文化交流的影响［M］. 桂林：广西师范大学出版社，2008.

［51］张骥，刘艳房. 论全球化时代国家形象战略与国家利益的实现［J］. 国际观察，2009（1）：16 - 23.

［52］张敏. 区域软实力评价指标体系研究与实证分析——以内蒙古自治区为例［J］. 内蒙古社会科学（汉文版），2012（2）：107 - 112.

［53］张敏. 文化自觉与国家软实力提升［J］. 中外企业家，2012（4）：126 - 127.

［54］张楠. 比较蒙元帝国时期三大陆上丝绸之路的开拓方式［J］. 内蒙古电大学刊，2016（1）：47 - 49.

［55］张小明. 约瑟夫·奈的"软实力"思想分析［J］. 美国研究，2005（1）：20 - 36.

［56］张效民，罗建波. 中国软实力的评估与发展路径［J］. 国际论坛，2008（5）：24 - 29.

［57］张星娘. 中西交通史料汇编（第一册）［M］. 北京：中华书局，1977.

［58］章一平. 软实力的内涵与外延［J］. 现代国际关系，2006（11）：54 - 59.

［59］赵磊. 理解中国软实力的三个维度：文化外交、多边外交、对外援助政策［J］. 社会科学论坛，2007（5）：150 - 157.

［60］周伟洲．吐谷浑史［M］．桂林：广西师范大学出版社，2006.

［61］金周英．从国家软实力到企业软实力［J］．中国软科学，2008
（8）：19－23.

［62］朱峰．浅议国际关系理论中的"软实力"［J］．国际论坛，2004
（4）：56－62.

［63］庄晓东．文化传播论［J］．云南艺术学院学报，2002（2）：34.

［64］John Lovell. American's Allies and Opponents in Eastern Asia：A Per-
spective in Culture and Diplomacy［J］．American Studies，1996，46（3）．

［65］Strobe Talbott. Globalization and Diplomacy：A Practitioner's Perspec-
tive［J］．Foreign Policy，1997（108）．

［66］Joseph S. Nye. Soft Power［J］．Foreign Affairs，1990（3）．

［67］Joseph S. Nye. The Paradox of American Power［M］．New York：Ox-
ford University Press，2002.

后　记

　　本书是在中蒙俄经贸合作与草原丝绸之路经济带构建协同创新中心2016年立项课题——"内蒙古文化对外传播与文化软实力建设研究"的基础上完成的。本书的内容除了该课题研究的核心成果——"内蒙古文化与内蒙古形象对外传播现状调查"之外，增加了对国内外专家学者对文化对外交流和文化软实力的相关研究的述评，对内蒙古文化对外交流的历史进行了较为详细的梳理，并对美国、法国以及中国古代文化的交流举措以及21世纪以来中国对外文化交流的成果进行了分析和借鉴，这些内容使得本书形成了一个完整的框架体系。

　　内蒙古自治区地处中蒙俄经贸合作和草原丝绸之路经济带的重要节点，近年来在经贸合作和对外文化交流方面取得了显著的成就。区内外有关学者也从各个角度对内蒙古自治区在"一带一路"建设中发挥的作用和面临的机遇与挑战进行了全方位的研究。本书从文化传播与文化软实力建设的角度，通过实证调查数据，为内蒙古文化对外传播把脉，并提出策略建议，希望以此为内蒙古自治区对外经贸合作和文化交流略尽绵薄之力。

　　本书的成稿离不开内蒙古财经大学中蒙俄经贸合作与草原丝绸之路经济带构建协同创新中心的领导和同事的关注与支持，感谢中心工作人员提供了工作上的各种便利。

由于时间仓促，本书在数据收集方面还存在一定的缺陷，加之个人水平有限，还有许多不完善的地方，恳请学界同仁批评指正。

张　莉

2017 年 12 月